Margaret Atwood
Das Zelt

PIPER

Zu diesem Buch

Eine Katze kommt in den Himmel, wenn auch gänzlich gegen ihren Willen, denn sie hat Höhenangst. Gott sitzt dort mit pelzigen Klauen in einem Baum und spricht freundlich mit ihr – allerdings etwas träge und mit vollem Mund, und dazu ist der Boden unter dem Baum übersät mit abgebissenen Engelsflügeln ... Gewohnt geistreich und weitblickend, amüsant und scharfzüngig reflektiert Margaret Atwood die Welt und unsere Zeit. Auf höchst prägnante, fantasievolle Weise widmet sie sich in diesem Buch den Themen Liebe und Beziehung, Geschichte, Literatur und Kunst.
»Tatsächlich bringt diese lapidare Kurzprosa, die eher Handlungsskizzen liefert als Handlung entwickelt, die parabelhaft Gedanken zuspitzt, mit Sprachen spielt und probeweise in verschiedene Stimmen schlüpft, das typisch Atwoodsche Pathos der provokativen Verkürzung auf den Punkt – ja schafft diesem Pathos seine eigene Form.« Bernadette Conrad, *Die Zeit*

Margaret Atwood, geboren 1939 in Ottawa, gehört zu den bedeutendsten Erzählerinnen unserer Zeit. Ihr »Report der Magd« wurde zum Kultbuch einer ganzen Generation. Bis heute stellt sie immer wieder ihr waches politisches Gespür unter Beweis, ihre Hellhörigkeit für gefährliche Entwicklungen und Strömungen. Sie wurde vielfach ausgezeichnet, unter anderem mit dem renommierten Man Booker Prize, dem Nelly-Sachs-Preis und dem Pen-Pinter-Preis sowie 2017 mit dem Friedenspreis des Deutschen Buchhandels. Margaret Atwood lebt in Toronto.

Margaret Atwood

DAS ZELT

Geschichten

Übersetzung aus dem kanadischen Englisch
von Malte Friedrich

Mit Zeichnungen der Autorin

PIPER

Mehr über unsere Autoren und Bücher:
www.piper.de

Von Margaret Atwood liegen im Piper Verlag vor:
Lady Orakel
Der Salzgarten
Der Report der Magd
Katzenauge
Tipps für die Wildnis
Gute Knochen
Alias Grace
Der blinde Mörder
Oryx und Crake
Moralische Unordnung
Das Zelt
Payback
Das Jahr der Flut
Die Geschichte von Zeb

Die deutsche Übersetzung wurde ermöglicht durch die freundliche Unterstützung des Canada Council for the Arts.

MIX
Papier aus verantwortungsvollen Quellen
FSC® C083411
FSC
www.fsc.org

Ungekürzte Taschenbuchausgabe
ISBN 978-3-492-31340-7
August 2017

Titel der kanadischen Originalausgabe:
»The Tent«, Bloomsbury Publishing Plc, London 2006

Umschlaggestaltung: zero-media.net, München
Umschlagabbildung: Zeichnung der Autorin
Satz: Greiner & Reichel, Köln
Gesetzt aus der Goudy Tab
Druck und Bindung: CPI books GmbH, Leck
Printed in the EU

Für Graeme

Inhalt

I

Lebensgeschichten

Woher kommt der Hunger nach solchen Geschichten? Wenn es überhaupt Hunger ist. Vielleicht ist es eher eine Art Herrschsucht. Vielleicht wollen wir nur über das Leben verfügen können, egal wer es gelebt hat.

Fotos sind dabei eine echte Hilfe. Die Abgebildeten haben keine Wahl mehr – wir nehmen das hier, werfen das da weg. Die, die das in Frage stehende Leben gelebt haben, hatten ihre Chancen, die sie meist nicht genutzt haben. Sie hätten den Fotografen im Busch entdecken müssen, sie hätten nicht mit offenem Mund essen dürfen, sie mussten das trägerlose Oberteil ja nicht tragen, sie hätten nicht gähnen, nicht lachen sollen: Diese Gebisse sind so unattraktiv. *So sah sie also aus*, sagen wir und verbinden diesen Schnappschuss mit dem Jahr, in dem sie ihre wilde Affäre hatte. *Ein Gesicht wie eine angeknabberte Pizza, und ist er das etwa, der ihr in den Ausschnitt starrt? Was hat er in ihr gesehen außer ihrem Geld? Der hatte ja schon fast eine Glatze. Was ist denn daran so aufregend?*

Ich arbeite an meiner eigenen Lebensgeschichte. Ich meine damit nicht, dass ich sie zusammensetze; nein. Ich nehm sie auseinander. Es kommt vor allem auf die Schnitte an. Wenn Ihr lieber was Erzählerisches wolltet, hättet Ihr früher danach fragen sollen, als ich noch alles wusste und mehr als bereit war, es zu erzählen. Das war, bevor ich die Tugenden der Schere entdeckte, die Tugenden der Streichhölzer.

Ich wurde geboren, so hätte ich angefangen, früher. Aber schnipp, schnipp, weg sind Mutter und Vater, weiße Papierstreifen, die im Wind davontreiben, die Großeltern auch gleich mit raus, wenn wir schon dabei sind. *Ich habe meine Kindheit verbracht*. Das brauchen wir auch nicht. Adieu, schmutzige Kinderkleider, adieu, abgetretene Schuhe, die mir so eine Qual bereiteten, adieu, von Fäusten verschmierte Tränen und abgeschürfte Knie und an den Rändern verschlissene Trauer.

Die Adoleszenz kann auch gestrichen werden mit ihrer salzigen, gebräunten Haut, ihrer Trägheit und ihren abgeschmackten Romanzen und ihrem Sickern saisonalen Blutes. Wie war das, so schwer zu atmen, als wär man unter Drogen, während man sich in dunklen Gassen an seltsamen Ledermänteln rieb? Ich weiß es nicht mehr.

Wenn man erst mal angefangen hat, macht es Spaß. So viel Freiraum öffnet sich da. Zerreißen, zusammenknüllen, verbrennen, aus dem Fenster werfen. *Ich wurde geboren, ich wuchs heran, ich studierte, ich liebte, ich heiratete, ich pflanzte mich fort, ich sagte, ich schrieb* – das ist jetzt alles weg. *Ich ging, ich sah, ich tat*. Lebt wohl, ihr bröckelnden, historisch wertvollen Türme, lebt wohl, Eisberge und Kriegsdenkmäler, all diese jungen Steinmänner mit zum Himmel erhobenen Augen, lebt wohl, ihr riskanten Reisen mit wimmelndem Ungeziefer und zweifelhaften Hotels und Türen, die sich nach innen und außen öffnen. Lebt wohl, Freunde und Geliebte, ich habe euch aus den Augen verloren, ihr seid ausradiert, gesichtslos geworden: Ich weiß, ihr hattet mal merkwürdige Frisuren und erzähltet Witze, aber ich habe sie vergessen.

Unter die Erde mit euch, ihr zärtlichen Katzen und Hunde und Pferde und auch Mäuse mit den Fellgehirnen: Ich habe euch geliebt, Dutzende von euch, aber wie hießt ihr noch?

Ich komm jetzt voran, ich fühl mich leichter. Ich löse mich von den Notizheften, den Fotoalben, den Tagebüchern und Journalen, vom Raum, von der Zeit. Nur ein Absatz ist noch übrig, nur ein oder zwei Sätze, nur ein Flüstern.

Ich wurde geboren.

Ich wurde.

Ich.

Kleiderträume

Oh nein. Nicht schon wieder. Das ist der Kleidertraum. Den hab ich schon seit fünfzig Jahren. Gang um Gang, Schrankvoll um Schrankvoll, Metallständer um Metallständer mit Kleidung, unter dem grellen Licht von Neonröhren erstrecken sie sich bis in die Ferne – so bunt und bestickt und verwirrend, und schließlich so düster und bedrückend wie die Träume eines langjährigen Opiumrauchers. Warum bin ich gezwungen, diese Kostüme zu betasten und durchzuforsten, die Bügel durcheinanderzubringen, über Seidenbänder zu stolpern, an einem Haken oder Knopf hängen zu bleiben, während Federn und Glanzknöpfe und falsche Perlen auf den Boden fallen wie Ameisen aus einem brennenden Baum? Was ist der Anlass? Wen muss ich beeindrucken?

Es riecht nach altem Achselschweiß. Alles ist schon getragen worden. Nichts passt. Zu klein, zu groß, zu magentafarben. Diese Polster, Reifen, Raffungen, Drahtkrägen, Samtkapuzen – keine dieser Verkleidungen ist meine. Wie alt bin ich in diesem Traum? Habe ich Brüste? Wessen Leben lebe ich? Wessen Leben vermag ich nicht zu leben?

Flasche

»Ich will doch nur so sein wie alle anderen«, sagte ich.

»Bist du aber nicht«, sagte er mir. »Du bist nicht wie die.«

»Warum nicht?«, sagte ich. Ich war geneigt, auf ihn zu hören. Er hatte eine überzeugende Art.

»Weil ich dich liebe.«

»Das ist alles?«

»Ich bin nicht irgendwer«, sagte er.

»Niemand ist das«, sagte ich.

»Siehst du«, sagte er, »das mein ich ja, du bist nicht wie alle anderen. Du hast ein Auge für Details, du beziehst das Charakteristische ein, du erkennst künftige Entwicklungen. Das sind die Eigenschaften, die ich suche.«

»Soll das eine Verführung sein?«, sagte ich.

»Nein. Die Verführung hat schon vor einer Weile stattgefunden; das hast du gar nicht gemerkt. Darüber sind wir hinaus. Wir sind beim Einstellungsgespräch. Gerade handeln wir die Konditionen aus.«

»Was muss ich tun?«, sagte ich.

»Mit mir schlafen, das ist ja wohl klar. Ich sorg schon dafür, dass du was davon hast.«

»Was noch?«

»Ich schätze Loyalität. Denk dran, du bist keine Anwältin: Bums nicht mit den Klienten.«

»Würd ich sowieso nicht. Ihr Karma war immer schlecht. Was noch?«

»Nur das, was du ohnehin schon tust«, sagte er. »Ein paar Routineaufgaben. Ein bisschen Rauch einatmen, ausgesuchtes Pflanzenmaterial kauen, ein paar Rätsel erzählen, Dinge auf Laubblätter schreiben. Ab und zu mal eine Beschwörung; ein paar Besichtigungstouren durch die Hölle führen. Den Stil des Etablissements wahren.«

»Nichts mit Schlangen? Das kann ich nicht, wenn's Schlangen geben soll. Da hab ich eine Phobie.«

»Schlangen hatten wir letztes Jahr.«

»Gut. Wo soll ich unterschreiben? Moment noch – was krieg ich dafür?«

»Ihr Frauen seid so materialistisch.«

»Nein, im Ernst?«

»Du wirst klug. Klüger, als du schon bist, mein ich.«

»Das ist nicht genug.«

»Na gut: Du kannst ein bisschen Unsterblichkeit kriegen. Hier. Sie ist in dieser Flasche. Siehst du sie?«

»Der kleine Staubhaufen?«

»Guck mal genauer hin.«

»Oh ja. Funkelt das immer so?«

»Nur am Anfang.«

»Und du weißt ganz bestimmt, dass es Unsterblichkeit ist?«

»Vertrau mir. Wenn du nur eine Prise davon nimmst, wirst du immer eine Stimme haben.«

»Eine Stimme haben oder eine Stimme *sein*?«

»Das eine oder das andere.«

»Na gut, vielen Dank auch.«

»Lass die Flasche nicht fallen. Geh vorsichtig damit um. Man muss auf diese Dinge achtgeben, sie haben die Eigenheit, größer zu werden. Sie können so groß werden wie der Himmel. Man kann in sie reingezogen werden, bevor man's richtig merkt. Das ist der Vakuum-Effekt. Stell sie jetzt hin, da drüben in der Ecke, zieh den dicken Mantel aus und leg deine Arme …«

»Mir ist schwindlig. Das ist mir ein bisschen zu intensiv hier. Ich hab heute Mittag zu viel gegessen. Ich glaub, ich sollte nach Hause gehen und mich hinlegen.«

»Leg dich auf der Stelle hin! Du schuldest mir was, das weißt du doch noch? Nichts geht über die Gegenwart. Schneid 'ne Kehle durch, spendier ein Trinkopfer, leer deinen Verstand, schließ die Augen, mach Platz für mich, denk an Höhlen …«

»Aua. Lass mich los! Ich muss einmal Luft holen. Ich kann jetzt nicht. Wie wär's mit nächster Woche?«

»Liebst du mich nicht?«

»Darum geht's nicht. Es ist nur – bist du wirklich das, was du zu sein behauptest?«

»Ich bin, was ich bin. Ich bin auch alles, was du willst. So ist das mit Göttern, und ich bin schließlich einer.«

»Also bist du gar nicht da. Du bist nur in meinem Kopf. Du bist nur ein – du bist nichts.«

»Mehr oder weniger.«

»Das hab ich mir gedacht. Warte, komm zurück!«

»Ich bin nicht blöd. Ich versteh ein *Nein*, wenn ich eins hör.«

»Ich hab das nicht so gemeint. Lass uns reden.«

»Du kannst nicht mit nichts reden.«

»Aber –«

Der undurchdringliche Wald

Der Mann, an den du denkst, hat sich verirrt. Das ist zumindest mein Eindruck. Er glaubt, dass er sich mitten in einem undurchdringlichen Wald verirrt hat. Sein Kopf ist voller Bäume. Er prallt gegen Äste. Er verfängt sich in Dornen. Er folgt Pfaden, die nirgendwohin führen. Er trifft auf Tiere, die ihn verhöhnen und weglaufen. Hier und da erblickt er eine flüchtige Jungfrau in einem weißen Batistkleid. Da sind auch ein paar Insekten, die von der stechenden Art. Das ist nicht angenehm. Die Sonne sinkt. Die Schatten werden tiefer. Es könnte kaum schlimmer sein.

Da tauchst du auf. Wie kommst du ins Spiel? Du konntest noch nie einer Gelegenheit widerstehen, jedenfalls nicht der Sorte Gelegenheit, die er darstellt. Es gibt Leute, die so etwas Einmischung nennen würden, aber du siehst es eher als Hilfsbereitschaft. Entschuldige, dass ich so offen bin, aber ich bin nur der Bote. Da kommst du also, du steigst in unserer rosa Wolke vom Himmel herab, glimmend wie eine schwache Glühbirne oder wie ein Aquarium in einer plüschigen Bar. Federn wachsen dir aus den Schultern, Lichtstrahlen schießen aus dir heraus, silberne und goldene Konfetti rieseln von dir herab wie metallische Schuppen. Du denkst gar nicht daran, dass dein Kleid von lauter kleinen Angelhaken bedeckt ist. An einigen von ihnen hängen noch Köderreste: Grillenflügel, Wurmtorsi, alte Kontoauszüge.

Nun, nun, sagst du. Ein Zucken hier, dort ein Wink mit deinem Zauberstab – er steckt in einer durchsichtigen Plastikhülle mit einer funkelnden Flüssigkeit, in der ein kleines Auto herauf- und heruntergleitet, wenn der Stab geschüttelt wird –, und die Dornen verschwinden. Die Sonne kehrt auf ihrem Weg um, die Pfade begradigen sich, der Tag bricht an.

Voilà!, sagst du. Deine Schulden sind bezahlt, deine emotionalen Probleme sind gelöst, deine Krankheiten geheilt. Mehr noch, deine Kindheitskümmernisse – die dich gehemmt und immer wieder heruntergezogen haben –, sie sind ausgelöscht. Jetzt kannst du loslegen.

Er sieht dich ohne eine Spur von Dankbarkeit an. *Womit* soll ich denn loslegen?, sagt er.

Das weißt du nicht?, fragst du mit einer Gereiztheit, die du zu verbergen suchst. Ich bin in diesen blöden Wald runtergestiegen, hab große Mühen auf mich genommen, hab für dich deinen ganzen Lebensmüll weggeräumt, und du weißt es immer noch nicht?

Dir ist wohl einiges nicht klar?, sagt er. Warum, glaubst du, habe ich mich überhaupt erst in dem undurchdringlichen Wald verirrt?

Die Jungen ermutigen

Ich habe beschlossen, die Jungen zu ermutigen. Früher hätte ich so etwas nicht gemacht, aber jetzt habe ich nichts mehr zu verlieren. Die Jungen sind nicht meine Rivalen. Fische sind nicht die Rivalen von Steinen.

Also werde ich sie in aller Offenheit ermutigen, ich werde sie en masse ermutigen. Ich werde Ermutigung über sie schütten wie Reis bei einer Hochzeit. Sie sind *die Jungen*, ein Kollektivbegriff, wie *die Wählerschaft*. Ich werde sie unterschiedslos ermutigen, ob sie es nun verdienen oder nicht. Ich kann sie sowieso nicht auseinanderhalten.

Also werde ich ganz allgemein jubelnd dastehen, wie ein Blinder bei einem Fußballspiel: Lärm ist hier gefordert, Wogen von Lärm, anfeuerndes Geschrei, um sie zu noch größeren Anstrengungen zu inspirieren, und wen kümmert's, auf welcher Seite und zu welchen Zwecken?

Ich meine nicht die ganz Jungen, die, die noch ihren Bauch zeigen können, ohne Hohn auf sich zu ziehen. Langeweile ist ihre Rüstung: Für die bin ich eine Sprechblase ohne Inhalt.

Nein, ich meine die, die sich neuerdings ihrer selbst bewusst sind, die, deren Ehrgeiz mit Schüchternheit gepaart ist, die auf die harte Tour erfahren haben, dass man bei zehn Versuchen neunmal danebengreift. Wie enttäuscht sie sind! Und falls und wenn sie beim ersten Mal tatsächlich Erfolg haben, wie nervös sie das macht! Sie bekommen Schlaflosigkeit oder Klaustrophobie oder Bulimie oder Höhenangst. Jetzt müssen sie es sich jedes Mal zeigen. Pech!

Hier bin ich, ich helfe gern! Ich lass die Ermutigung herumgehen, jeder kriegt ein Stückchen vom Kuchen. Da habt ihr's, ihr Jungen! Was ist schon der riesengroße Misthaufen, den ihr da angerichtet habt – lasst mich das noch mal umformulieren –, was ist ein verständlicher menschlicher Irrtum anderes als eine Erfahrung, aus der man lernt? Versucht es noch einmal! Folgt eurem Traum! Ihr schafft das schon!

Was für ein guter und vorbildlicher Mensch ich doch bin, so viel netter als damals, als ich das Jungsein gerade hinter mich gebracht hatte. Damals war ich streng; mein Standard war hoch. Den Jungen – meinte ich – ließ man viel zu viel durchgehen, auch bei mir war das so gewesen. Aber jetzt bin ich die Großzügigkeit selbst. Ich lächle gefällig und lass allen was zukommen.

Bei genauerem Hinsehen sind meine Motive aber weniger rein, als sie erscheinen. Sie sind trüber. Sie sind lauernder. Ich erwische einen Blick auf mich selbst, mit dem inneren Auge, das nicht immer das reine Glück der Einsamkeit ist, und ich sehe, dass ich Zweifel habe. Ich husche am Rand der dunklen Wälder von Busch zu Busch, spähe hinaus. *Huhuuu! Ihr Jungen! Hierher!*, rufe ich und locke mit meinem immer knotiger werdenden gekrümmten Zeigefinger. *Ja, genau! Guckt mal, hier ist ein luxuriöses Knusperhäuschen, auf dem in Leuchtschrift euer Name steht. Wollt ihr nicht reingehen, es euer Eigen nennen, euch mit zuckrigem Ruhm vollfressen? Natürlich wollt ihr das!*

Ich werd sie aber nicht in Käfige sperren, bis sie fett genug sind, nein. Ich werd sie nicht mit vergifteten Früchten traktieren. Ich werd sie nicht in Uhrwerke oder redende Schatten verwandeln. Ich werde ihnen nicht das Lebensblut aussaugen. Das können sie alles selber machen.

Die Stimme

Mir wurde eine Stimme gegeben. Das sagten die Leute über mich. Ich bildete meine Stimme aus, weil es eine Schande gewesen wäre, ein solches Geschenk zu verschwenden. Ich stellte mir diese Stimme wie eine Treibhauspflanze vor, etwas Üppiges, mit glänzenden Blättern und dem Wort *Tubus* im Namen und einem moschusartigen Duft in der Nacht. Ich sorgte dafür, dass die Stimme immer die richtige Temperatur erhielt, den richtigen Grad an Feuchtigkeit, die richtige Umgebung. Ich beschwichtigte ihre Ängste; ich sagte ihr, sie solle nicht zittern. Ich nährte sie, ich trainierte sie, ich sah zu, wie sie in meinem Hals heranwuchs wie eine Ranke.

Die Stimme blühte auf. Die Leute sagten, dass ich in meine Stimme hineingewachsen sei. Bald war ich sehr gesucht, besser gesagt, meine Stimme. Wir gingen überall zusammen hin. Die Leute sahen mich, ich aber sah meine Stimme, die sich vor mir aufblähte wie die durchsichtige grünliche Membran einer orgelnden Froschkehle.

Meine Stimme wurde umworben. Blumensträuße wurden ihr zugeworfen. Geld wurde ihr gegeben. Männer fielen auf die Knie. Applaus umflatterte sie wie Schwärme roter Vögel.

Einladungen zu Auftritten überschwemmten uns. All die besten Häuser wollten uns, alle auf einmal, denn – auch das sagten die Leute, wenn auch nicht zu mir – meine Stimme würde nur eine gewisse Zeit gedeihen. Dann würde sie, wie bei Stimmen so üblich, zu schrumpfen beginnen. Schließlich würde sie abfallen, und dann wäre ich allein, entblößt – ein totes Gestrüpp, eine Fußnote.

Es setzte tatsächlich ein, das Schrumpfen. Nur ich habe es bisher bemerkt. Da ist ein winziger Makel in meiner Stimme, eine winzige Falte. Die Furcht ist in mich eingetreten, eine Spritze voll Äther, die das zusammenzieht, das bei jemand anderem mein Herz wäre.

Jetzt ist es Abend; die Neonlichter gehen an, die Aufregung auf den Straßen steigt. Wir sitzen in diesem Hotelzimmer, meine Stimme und ich; oder besser gesagt, in dieser Hotelsuite, denn für uns ist noch immer nur das Beste gut genug. Wir sammeln unsere Kräfte. Wie viel von meinem Leben habe ich noch? Wie viel ist noch übrig, sollte es heißen: Meine Stimme hat das meiste davon aufgebraucht. Ich habe ihr all meine Liebe gegeben, aber sie ist nur eine Stimme, nie wird sie meine Liebe erwidern.

Obwohl sie zu verfallen beginnt, ist meine Stimme so gierig wie eh und je. Gieriger noch: Sie will mehr, mehr und mehr, mehr von all dem, was sie bisher schon gehabt hat. Sie wird mich nicht so leicht loslassen.

Es ist bald Zeit für uns hinauszugehen. Wir werden an einem strahlenden Fest teilnehmen, wir beide, zusammengeschmiedet wie immer. Ich werde ihr Lieblingskleid anziehen, ihre Lieblingskette anlegen. Ich werde einen Pelz um sie wickeln, um sie vor der Zugluft zu schützen. Dann werden wir ins Foyer hinuntergehen, schimmernd wie Eis, meine Stimme wie ein unsichtbarer Vampir an meiner Kehle hängend.

Keine Fotos mehr

Keine Fotos mehr. Davon gibt es jetzt wirklich genug. Keine Schatten mehr von mir, die vom Licht auf Papierbögen geworfen werden, auf Plastikquadrate. Keine Bilder mehr von meinen Augen, Mündern, Nasen, Launen, aus unvorteilhaften Winkeln. Kein Gähnen mehr, keine Zähne, keine Falten. Ich leide unter meiner eigenen Vielfältigkeit. Zwei oder drei Abbilder hätten gereicht, oder vier oder fünf. Sie hätten eine feste Vorstellung ermöglicht: *Das ist sie*. Wie die Dinge liegen, bin ich wässrig, ich kräusel mich, von einem Augenblick auf den anderen löse ich mich in meine anderen Ichs auf. Blättre um: du, der du dir die Fotos ansiehst. Du bist immer aufs Neue verwirrt. Du kennst mich zu gut, um mich zu kennen. Oder nicht zu gut: zu viel.

Waisengeschichten

i) Wie flink die Waisenkinder Segel setzen! Kaum ist der Startschuss gefallen, fliegen sie schon auf und davon! Ihre Yachten sind schlanker, besser getrimmt als unsere – als unsere schweren Lastkähne. Sie schleppen keine Anker mit sich herum, sie tragen keinen Ballast, sie werfen alles Gepäck über Bord, und die einzige Flagge, die sie jemals aufziehen, ist weiß. Kein Wunder, dass sie vor allen anderen aus der Bucht heraus, kein Wunder, dass sie so flott um das Kap herum sind! Aber was nun? Sie halten den Kurs nicht ein, sie spielen nicht nach den wohlersonnenen Regeln, sie verachten den Siegespreis. Sie wollen auf das offene Meer hinaus. Sie segeln in die Sonne hinein. Sie sind weg.

ii) Waisenkinder machen schlechte Erfahrungen: in Heuschobern, in Kellern, in Autos, in Holzschuppen, auf abgeernteten Feldern, in leeren Klassenräumen. Weil sie so verführerisch sind. Weil sie so beschädigt sind. Weil sie so mager sind. Weil sie so leicht zu zerbrechen sind. Weil sie so verfügbar sind. Weil sie so erotisch sind. Weil niemand glauben wird, was sie sagen.

iii) Die Waisenkinder reihen sich ein, um ihren Brei zu bekommen. Alle Arten von Waisen sind darunter – Autounfallwaisen, Schiffsunglückswaisen, Herzinfarktwaisen, Ledige-

Mutter-Waisen, Kriegswaisen –, für sie alle gibt es Brei, aus der Güte unserer Herzen. Sie kriegen nicht viel, einen Klecks hier, einen Klecks dort, aber so ist das eben in Waisenhäusern. Sie warten auf ihren Klecks, still stehen sie in ihrer grauen Tracht da, die wir auch gespendet haben. Wie gut wir sind, wie tugendhaft wir uns fühlen! Eines Tages beginnen die Waisenkinder mit ihren billigen Messinglöffeln auf ihren billigen Messingtellern herumzuschlagen. Es ist ihnen gesagt worden, dass sie dankbar sein sollen, nicht gierig, aber sie wollen mehr. Sie wollen mehr und mehr und mehr. Sie wollen, was wir haben! Wie können sie es wagen? Wie können sie es wagen, mit ihrem Hunger wie mit einem Schwert vor uns herumzufuchteln?

iv) Was haben sie für Namen? Namen sind willkürlich, aber die Namen von Waisenkindern sind noch willkürlicher als die meisten anderen. Sie denken sich einfach so im Vorübergehen Namen aus. Nenn mich Ishmael, sagen sie. Oder: Ruf mich Ishmael, aber ruf mich oft. Oder auch: Nenn mich nicht Ishmael, nenn mich Anonymus. Nenn mich Namenlos. Nenn mich Vergeblich. Waisen flirten gerne, sie hängen sich an jeden, dann zerreißen sie ihre Adressbücher, sie legen ihre Freunde ab, wie es kommt. Da kennen sie keine Gnade.

v) *Ihr seid nicht meine wirklichen Eltern*, hat jedes Kind schon mal gedacht. *Ich bin nicht euer richtiges Kind*. Aber bei Waisenkindern ist das die Wahrheit. Was für eine Freiheit, mit jedem Recht auf alles pfeifen zu können! Waisen stehen alle

Wege offen. Für Waisen sind alle Wege solche, die sie nicht gewählt haben. Für Waisen sind alle Wege notwendig. Man kann sie ja nicht aus dem Haus werfen! Sie sind schon aus dem Haus. Sie trampen durchs Leben, eine beiläufige Mitfahrt nach der anderen. Über den Daumen – das ist ihre Regel.

vi) Auf der anderen Seite ist es doch traurig, so durchs Leben zu gehen, wie eine Schnecke, eine sehr schnelle Schnecke, aber nichtdestoweniger eine Schnecke, mit keinem Zuhause außer dem, was man auf dem Rücken trägt, und das Zuhause ist eine leere Hülle. Ein Zuhause, in dem es nichts gibt außer dir selbst. Sie ist schwer, diese Leichtigkeit. Sie ist erdrückend, diese Leere.

vii) Aber welch eine Liebe sie in einem hervorrufen, diese Waisenkinder! Kleine Waisenbabys, die in Einkaufstaschen auf Türschwellen, in der Kälte, abgestellt werden. Kleine Waisenbabys, die in Körben, unter Salatblättern, von Vögeln, von Putten, von Gnomen zurückgelassen werden. Leute stehen Schlange, um sie zu kriegen, schielend vor Mitgefühl, Geld in den Taschen, feuchte Taschentücher in den Fäusten, nur den Gedanken der Rettung im Kopf, Decken in den Tragebeuteln, die warmen Arme ausgebreitet, nur darauf wartend, sie an sich zu ziehen. *Wo kommst du her, süßes Baby?* Aus dem Dunkel. Aus der Angst.

viii) Trotzdem werden wir vor ihnen gewarnt, vor diesen Waisen. Sie sind gerissen, sie sind verschlagen. Wie soll man irgendwas über sie in Erfahrung bringen? Wer waren ihre Eltern? Verriegel die Türen, versteck das Silber! Wenn du ein Baby im Gesträuch findest, lass es da, wo es ist! Lass die Waisen nicht über deine Schwelle! Für einen Cent schneiden sie dir die Kehle durch, sie gehen mit deiner Tochter auf und davon, sie verführen deinen Sohn, sie zerstören dein Heim, denn das Heim ist, wo das Herz ist, und Waisen sind herzlos.

ix) Nein, das hast du falsch verstanden. Es ist andersherum. Die Waisen sind nicht die Räuber, sondern die Geraubten; sie sind nicht die Mörder, sondern die Gemordeten. An den Spuren, die sie hinterlassen, sieht man, wo die Waisen herumgewandert sind: Brotkrumen im Wald, Blutstropfen, Tränen, die sich in kleine weiße Pilze verwandelt haben, Häufchen zerbrechlicher Knochen zwischen den Wurzeln und im Moos.

Lies die Statistiken: Sie haben im Grunde keine Chance. Ihre Stiefmütter verlangen ihre Zunge zum Abendessen; ihre Väter sind aus der Stadt verschwunden; ihre Onkel schicken Unholde mit Kissen, um sie im Schlaf zu ersticken. Nur in Büchern – und auch nur in manchen – erscheint im letzten Augenblick ein großzügiger Wohltäter, um die Waisen vor den Mächten des Bösen zu retten, die gegen sie gerichtet sind. Wer sind diese Mächte? Schau in den Zauberspiegel, geneigter Leser. Schau in den tiefen, stillen Wunschbrunnen. Frag dich selbst.

x) Es ist aber auch eine gute Ausrede, Waise zu sein. Es erklärt alles – jeden Fehler, jede falsche Wendung. Wie Sherlock Holmes es ausdrückte: *Sie hatte keine Mutter, die ihr hätte raten können*. Wie wir uns danach sehnen, nach dieser Ratlosigkeit! Wir wären tollkühn gewesen. Leidenschaftliche Affären hätten wir gehabt. Draufgängerische Abenteuer. Natürlich sind wir dankbar dafür, dass wir eine so behütete Kindheit hatten, Horden von belehrenden Verwandten, plüschige Privilegien, keinerlei Drama. Aber in einem Winkel unseres Inneren steckt doch ein wenig Neid. Warum stößt uns so gar nichts Interessantes zu, verwöhnt, wie wir sind? Warum kriegen die Waisen all die dankbaren Rollen?

xi) Jetzt werden die Briefe kommen – die von Waisen. *Wie können Sie das Schicksal der Waisen nur so oberflächlich behandeln!*, werden sie sagen. *Sie verstehen überhaupt nicht, was es heißt, eine Waise zu sein. Sie sind die Sorte Mensch, die Beinamputierte verhöhnt. Sie sind gedankenlos und grausam. Sie sind hart.*

Ach ja, meine lieben Waisen, ich verstehe schon, dass ihr das so empfindet. Aber etwas festzustellen heißt nicht, es abzuwerten. Alle Beobachtungen des Lebens sind hart, weil das Leben hart ist. Ich beklage diese Tatsache, aber ich kann sie nicht ändern.

(Und seht es doch mal so: Es ist der Verlust, dem alles zufließt, es ist die Abwesenheit, in der alles erblüht. Ihr seid es, nicht wir, die immer schon die Kinder der Götter waren.)

Torweg

Sie hatten dich dazu gebracht, eine Landstraße, einen Fluss, ein Boot, ein Tor, einen Wächter zu erwarten. Das alles war da, wenn auch keineswegs so, wie du es dir vorgestellt hattest. Die Straße war von den Gehsteigen, die du so oft hinuntergestapft warst, nicht zu unterscheiden: betoniert, auf die gewöhnliche Art dreckig – verwittertes Kaugummi, frische Spucke, hier und da etwas, was ein Hund hinterlassen hatte. Deine Füße waren müde – wessen Schuhe trugst du eigentlich? –, aber es gab nichts, wo du dich hättest hinsetzen können. Als du am Fluss ankamst, war er nicht mehr als ein Kanal, stehendes Wasser voller Algen und an der Oberfläche schwimmenden Plastiktüten. Ein schäbiges Hausboot lag dort vertäut, aber kein Pfad führte zu ihm hinunter. Stattdessen brachte der Gehsteig dich über eine massive Eisenbrücke, die grau gestrichen war. Danach kam eine rote Backsteinmauer, die sich endlos lange hinzog. Plakate klebten dran – ein Theaterstück wurde da angezeigt oder auch ein Film –, dasselbe Plakat, immer wieder. Darauf war das Gesicht einer Frau mit einem überraschten Ausdruck zu sehen, die Hand wie zur Selbstverteidigung erhoben, mit großen Lettern in Blau und Orange und Zeilen in kleinerer Drucktype: Das waren zweifellos lobende Zitate aus Zeitungen, aber aus irgendeinem Grund konntest du sie nicht lesen. Neben den Plakaten gab es noch aufgesprühte Namen auf den

Ziegeln – keiner war dir bekannt – und Symbole in einem grellen Pink, die an diese verbogenen Luftballon-Tiere erinnerten, die Clowns auf Kinderfesten basteln.

Schließlich kam das Tor. Eine Tür, eine Stahltür, die in eine Backsteinwand eingelassen war. Sie war eingedellt, als ob Leute mit schweren Stiefeln dagegengetreten hätten. Der Wächter lehnte an der Tür. Er sah aus wie ein Mann, der schon einige Zeit im Freien übernachtet hatte. Alte Jeans, Stoppeln im Gesicht, zerrissene Sandalen; ein ramponierter Rucksack zu seinen Füßen.

Du hast es also endlich geschafft, sagte er. Das sind deine Sachen hier. Ich hab sie für dich aufgehoben.

Meine Sachen?, sagtest du. Du gucktest dir den Rucksack genauer an. Er sah nicht vertraut aus. Was meinte der mit Sachen? Eine Zahnbürste, Unterwäsche?

Sachen, die du aufgehoben hast, sagte er. Für diesen Anlass.

Du hobst den Rucksack an. Er war sehr leicht. Du fragtest dich, ob da ein belegtes Brot drin war. Du hattest keinen Hunger, aber vielleicht kam der noch. Du untersuchtest die Tür. Sie hatte keine Fenster. Es gab kein Schloss.

Ich soll hier reingehen?, sagtest du.

Ich muss dir erst ein paar Fragen stellen, sagte er. Denk genau nach, bevor du antwortest.

Gut, sagtest du. Du konntest dir ungefähr vorstellen, was er fragen würde: Du musstest dich wahrscheinlich, so gut es ging, verantworten und deine Missetaten, so wie sie waren, eingestehen. Du glaubtest, darauf ganz gut vorbereitet zu sein. Du warst nicht perfekt gewesen, aber Perfektion wurde schließlich auch nicht erwartet. Bestimmt nicht, denn wer wäre dann jemals hier reingekommen?

Hier sind die Fragen, sagte er. Was ist deine Lieblingsfarbe? Hast du deine Katze geliebt? Hast du jemals eine Münze auf der Straße gefunden? Bist du glücklich gewesen?

Plötzlich ist alles Gegenwart. Die erste Frage verblüfft dich. Hast du eigentlich eine Lieblingsfarbe oder nicht? Du kannst dich nicht erinnern. Alles, was du zu deiner Verteidigung sagen wolltest, ist aus deinem Kopf verschwunden. Jetzt kommt Wind auf: abgerissene Plakate wirbeln die Straße hinunter, offene Münder, Hände, Augen. Vielleicht solltest du den Rucksack aufmachen. Du hast nie eine Katze gehabt. Was haben Münzen damit zu tun? Da muss irgendein Fehler passiert sein.

Flasche II

Komm mit dem Ohr näher ran. Leg die Hand über das andere Ohr. Denk an rauschende Meeresmuscheln. Da. Jetzt kannst du mich hören.

Das dürfte dich überraschen, die Entdeckung, dass da eine Stimme in der Flasche ist. Du hast gedacht, du hättest eine Kuriosität gekauft – so würden die meisten Leute solch ein dickbäuchiges Glasobjekt nennen, üppig verziert, verstaubt, antiquiert, gefüllt mit Schichten gefärbten Sandes, purpur-pink-orange-grün-beige. Eine Art Nippes. Oder ein Souvenir von einem Ort, den du nie besucht hast.

Dann hast du gesehen, wie der Sand sich in der verkorkten Flasche bewegte. Zuerst hast du gedacht, das sei so etwas wie ein Erdbeben, ein kleines, von der Sorte, bei der die Teetassen klappern. Aber nein. Du hast jetzt genau hingeguckt. Du hast dich nicht getäuscht: Ja, da war ein Kräuseln, ein Schauer, eine kleine Welle purpurnen Sandes. Irgendein Insekt vielleicht. Du hast den Korken herausgezogen.

Und in dem Moment hast du die Stimme gehört. Meine Stimme, um genau zu sein. Es war eine leise, lispelnde Stimme, wie das Rascheln von alten Maisblättern in einer Brise oder von getrocknetem Laub, das Äonen in einer Höhle gelegen hat. Es war ein Zischen, wie Dampf, der in Stößen aus einem Riss in feuchter Sumpferde entweicht. Ein unterirdischer Laut, der unbekannte Druckverhältnisse, unbekannte Mächte andeutete. Es war ein verlockendes Flüstern.

Frag mich alles, was du wissen willst, verhieß diese Stimme, meine Stimme. Frag, und ich sag's dir. Deine Autoschlüssel? Sie sind unter dem Bett. Deine Aktien? Ich sehe Gold, aber ist es deins? Dein Tod, wann und wo? Diese Stimme bot dir Wissen, aber auch Furcht. Furcht ist ein Synonym für Zukunft, und die Zukunft besteht aus Weggabelungen. Ich sollte sagen, aus sich gabelnden Wegen, denn die Wege gabeln sich die ganze Zeit, wie langsame Blitze. Ein Weg ist ein Prozess, kein Ort. Ich kann meine Fingerspitzen auf diesen Weg legen, auf diese Wege, auf dieses zitternde Zweigwerk, meine Fingerspitzen, die jetzt so fein und spinnenfädenhaft sind.

Wie ist es dazu gekommen? Zu meinem gegenwärtigen spinnenhaften Zustand. Ich war einmal jung, ich war schön, ich war beliebt, ich besaß malerische Kleider und außerordentliche Talente. In Höhlen sprach ich Weissagungen: Die Leute standen Schlange, es gab Wartelisten. Wie bin ich so winzig geworden, so durchsichtig, so fadenscheinig, so flüsternd? Wie kam es, dass ich in eine Flasche eingeschlossen wurde? Es ist eine ungewöhnliche Geschichte, eine unglaubliche Geschichte, eine Geschichte, die heute nicht mehr passieren könnte. Ich weiß nicht mal mehr, ob ich sie selbst noch glaube, aber ich erzähl sie jedem, der mir sein Ohr leiht.

Im Moment bist du das. Ich bin keine Kuriosität, mein Freund. Oder besser gesagt, ich bin eine Kuriosität, aber man müsste schon sagen, *die* Kuriosität, die beste von allen. Nur die sehr Neugierigen erwerben Kuriositäten wie diese. Und du bist ein neugieriger Mensch, in fremden Badezimmern guckst du in die Medizinschränke von Leuten, die du kaum kennst, du bist ein eifriger Zuhörer, du bist geradezu getrieben zuzuhören, du hörst dir alles an. Ich verstehe dich: Ich war auch einmal neugierig. Wir sind beide die Art Mensch, die Korken aus Flaschen herauszieht. Nicht aus Weinflaschen: aus Sandflaschen.

II

Wintermärchen

Vor langer Zeit, erzählst du, gab es Bazillen mit Hörnern. Sie lebten in der Toilettenschüssel und konnten nur mit vielen Litern Kloreiniger besiegt werden. Mit diesem Reiniger konnte man auch Selbstmord begehen, und es gab Frauen, die das taten.

Die Jungen sehen mit weit aufgerissenen Augen zu dir auf. Oder vielleicht blicken sie auch auf dich herab: Sie sind sehr groß geworden. Wie jung sind die Jungen heutzutage? Das ist von Fall zu Fall verschieden. Einige von ihnen sind schon ziemlich alt. Aber sie sind nach wie vor gutgläubig, weil du schon in märchenhafter Vorzeit da warst und sie nicht.

Mehr noch, sagst du – du hast Spaß daran –, es gab damals keine nackten Bäuche, und nur Seeleute und Sträflinge hatten Tätowierungen. Es gab keine Telefone, keine Impfungen; man konnte den Arzt nicht rufen, wenn man wegen platzender Drüsen oder Darmverstopfung oder einer Wucherung in der Kehle oder Gehirnhautentzündung im Sterben lag. Wenn man ungeschützten Verkehr hatte, fiel einem die Nase ab, viel früher als heute.

Die Jungen hören immer noch zu. Glauben sie dir? War das sensationell genug für sie? Du hoffst es jedenfalls.

Für eine verheiratete Frau war mit dreißig alles zu Ende, sagst du. Sie war dazu verurteilt, ein geblümtes Kleid zu tragen und einen Hüftgürtel aus Gummi und in einem Schaukelstuhl auf der Veranda zu sitzen – damals gab es Veranden – und sich Luft zuzufächeln, denn Klimaanlagen gab es nicht, und über ihre Plattfüße zu reden, über ihre Krampfadern, ihren Ischias und die Schnarchgewohnheiten ihres Ehemanns, dessen Hemden sie jeden Dienstag bügeln musste – Berge von Hemden. Lauter Metaphern für unbefriedigenden Sex.

Ein paar von ihnen kichern. Aber du willst nicht, dass die Vergangenheit auf die leichte Schulter genommen wird: Dafür hat sie zu viel gekostet. Sie verdient Respekt. Also ist es jetzt an der Zeit, die schwere Artillerie aufzufahren.

Ich will euch vom Fleischkäse erzählen, sagst du mit gesenkter Stimme, während die ohnehin schon bleichen Gesichter um dich herum aschfahl werden. Ja – Fleischkäse! Fleischkäse und Einläufe und birnenförmige Spritzen für das, was sie »weibliche Hygiene« nannten – diese drei gehören zusammen, sagst du im Flüsterton, um die Spannung zu steigern.

Jetzt starren die Jungen dich mit fasziniertem Schrecken an, als wärst du dabei, eines deiner Beine herauszuziehen und einen grünen bemoosten Stumpf zu enthüllen. Kriegsgeschichten, das ist es, was sie wollen – Kriegsgeschichten und ekelerregende Speisen. Sie wollen das Leiden, sie wollen die Narben. Sollst du ihnen vom Schmorbraten erzählen?

Aber das ginge vielleicht zu weit. Wie auch immer, du hast dich selbst für einen Abend genug erregt.

Eine Halbgöttin zu sein ist nicht so leicht

Helen wohnte am Ende der Straße, als wir heranwuchsen. Wir verkauften damals Kool-Aid auf ihrer vorderen Veranda, fünf Cents das Glas, und immer musste sie das Glas die Stufen hinuntertragen, mit gesenktem Blick und dieser rosa Schleife im Haar, dazu die winzigen Schritte, als ginge sie auf Eiern. Ich glaub, sie hat ein paar Fünfer geklaut, mit der Ehrlichkeit hatte sie's nicht so.

Ich weiß, sie ist jetzt berühmt und alles, aber offen gesagt, war sie damals schon eine Nervensäge, und das ist sie bis heute. Sie log, dass sich die Balken bogen – behauptete zum Beispiel, ihr Papa wär irgendeine große Nummer, nicht der Papst, aber dicht dran, und natürlich machten wir uns darüber lustig. Nicht dass wir dieses hohe Tier jemals zu Gesicht bekommen hätten. Ihre Mama war auch nur eine von den alleinerziehenden Müttern, wie sie jetzt genannt werden, aber meine Mama sagt, damals hatten sie einen anderen Namen für die. Sie sagte, bei denen war nachts immer was los, natürlich, weil jeder Mann in der Stadt meinte, da gäb's was umsonst. Die warfen Steinchen an die Tür, schimpften und grölten ein bisschen herum, wenn sie betrunken waren. Die beiden Jungs, Helens Brüder, waren ziemlich wild und hauten früh ab.

Als sie zehn war, ging Helen durch so eine Zirkusphase – sie verkleidete sich gerne, wollte Akrobatin werden auf dem

Trapez –, dann freundete sie sich mit der Frau vom Schönheitssalon an, die machte ihr die Haare und schenkte ihr Pröbchen, und dann fing sie an, sich schwarze Ränder um die Augen zu malen und am Busbahnhof rumzuhängen. Hielt Ausschau nach jemandem, der ihr eine Fahrkarte spendierte, mit der sie aus dem Städtchen rauskam, schätz ich mal. Sie sah gut aus – das muss man ihr lassen –, also war niemand überrascht, dass sie früh heiratete. Und zwar den Polizeichef, das war ein großer Fang für beide, denn er war schon dicht an die vierzig.

Dann, es ist erst ein paar Monate her, brannte sie mit irgendeinem Mann aus der Stadt durch, der hier Station gemacht hatte. Brauchte dann doch keine Busfahrkarte, er hatte ein Auto, einen großen Schlitten sogar. Ihr Mann ist gelb vor Wut; er redet von seiner *posse*, mit der er in die Stadt fahren und sie ausräuchern will, den Typ zusammenschlagen, sie zurückholen und ein bisschen versohlen. Die meisten Männer würden sich mit so einer Rumtreiberin gar nicht erst die Mühe machen; aber wie's aussieht, glaubt er nicht an Scheidung, er sagt, irgendjemand muss doch für die richtigen Werte einstehen.

Ich persönlich glaub ja, dass er immer noch verrückt nach ihr ist, und auf jeden Fall ist sein Stolz verletzt. Das Problem ist, sie gibt auch noch damit an – der neue Mann hat Geld, lässt sie in einer Art Villa wohnen, Fotos von ihr tauchen in Zeitschriften auf und Leute fragen nach ihrer Meinung, es kann einen wirklich krank machen. Da ist sie, reichlich angepuppt mit ihrer neuen Perlenkette, lächelt so süß wie eine Torte und verkündet, wie glücklich sie in ihrem neuen

Leben ist und dass jede Frau ihrem Herzen folgen sollte. Sie sagt, dass ihre Kindheit nicht leicht war, als Halbgöttin und alles, aber nun hat sie damit ihren Frieden gemacht, und sie hofft auf eine Filmkarriere. Sie sagt, dass sie beim ersten Mal zu jung geheiratet hat, aber jetzt weiß sie, wie erfüllend die Liebe sein kann, und der Polizeichef war eben nicht … na ja, er war's eben nicht. Natürlich denkt da jeder, dass sie meint, er war's nicht im Bett, also gab's hier reichlich Gegrinse hinter seinem Rücken, aber nicht offen, weil er in unserer Kleinstadt immer noch viel zu sagen hat.

Na ja, kurz oder lang, entschuldigen Sie die Anspielung, niemand lässt sich gern auslachen. Der Chef hat eine große Familie hier, einen Bruder und jede Menge Vettern, alle muskulös und leicht erregbar. Ich würd sagen, die Sache ist noch nicht gelaufen. Das sollte man sich nicht entgehen lassen.

Salome war eine Tänzerin

Salome schnappte sich den Religionslehrer. Das war wirklich gemein von ihr, er war ihr in keiner Weise gewachsen, hatte nicht mehr Selbsterhaltungstrieb als ein Zucchino, leierte immer was von Moral und so weiter herunter, aber die Grapefruits im Supermarkt befingerte er auf diese eklige Weise, eine in jeder Hand, stand er praktisch sabbernd da, einer dieser ausgezehrten Männer, die auf die Knie fallen würden, wenn eine Frau sie jemals ernsthaft anguckte, was bis dahin aber keine getan hatte. Wie gesagt, das war wirklich gemein von ihr, aber er hatte sie bei den Halbjahresprüfungen durchfallen lassen und sie stand zu Hause unter Druck, die wollten Leistung sehen, wie sie's ausdrückten, und ich nehm an, sie dachte wohl, das wär eine Abkürzung.

Na ja, bei einer Mutter wie ihrer, was konnte man da schon erwarten? Geschieden, wieder verheiratet, die Arme klirrend vor Schmuck bis unter die Achseln und falsche Wimpern bis hier raus und ehrgeizig wie sonst was. Ließ Salome, kaum dass sie fünf war, in Schönheitswettbewerben für Kinder auftreten, ließ sie Steppunterricht nehmen, schreckte vor nichts zurück. Die schmierten den armen Kleinen Make-up übers Gesicht und brachten ihnen bei, mit dem Hintern zu wackeln, Herrgott nochmal. Und dann leitete ihr Stiefvater ja auch die größte Bank in dieser Stadt, also dachte sie wohl, sie könnte sich alles erlauben. Ich wär nicht überrascht, wenn zwischen den beiden auch irgendwas lief, so wie sie ihn mit ihren babyblauen Augen anhimmelte und alles Mögliche aus ihm rausschmeichelte, es wurde einem übel, wenn man sah, wie sie sich an ihn drückte und um ihn rumschwänzelte, er hatte ihr zu ihrem Sechzehnten einen Porsche versprochen.

Sie spielte Tinker Bell in dem Stück, das die Schule aufführte, als sie zwölf war, daran erinner ich mich genau. Sieben Schichten von diesem durchsichtigen Batistzeug, mehr trug sie nicht, darunter hatte sie angeblich einen Body an, aber ob das wirklich stimmte, konnte niemand sagen. Und all die Dads im mittleren Alter saßen mit übergeschlagenen Beinen da. Oh, die wusste genau, was sie tat!

Egal, als sie sich die böse Zensur in Religion einfing, begann sie, den Kerl zu bearbeiten, wer weiß, wie das losging, aber als sie im Ferienlager erwischt wurden, hatte sie die Bluse nicht mehr an. Der Lehrer grummelte an ihrem Büstenhalter rum, hatte Schwierigkeiten mit den Haken, so heißt es jedenfalls, es ist zum Totlachen. Wenn man das will, was im Paket ist, sollte man doch zumindest wissen, wie man's aufkriegt, sag ich da nur. Jedenfalls gab's einen großen Skandal, und dann fängt er an, schlecht über sie zu reden, sagt, sie ist 'ne kleine Schlampe und hat ihn angestiftet, fügt gleich noch ein paar Andeutungen über die Mutter hinzu, um das Maß vollzumachen. Alle glaubten ihm, aber bei Salome wusste man immer, wenn ein Kopf rollte, dann nicht ihrer. Sie warf dem armen Schwein vor, sie sexuell belästigt zu haben, und da sie dem Gesetz nach minderjährig war – und natürlich drehte der Banker-Dad im Hintergrund daran herum –, kam sie damit durch. Zum letzten Mal wurde der Typ gesehen, als er in

U-Bahn-Stationen bettelte, unten in Toronto; er hat sich einen Bart wachsen lassen, sieht aus wie Jesus, verrückt wie 'ne Fledermaus. Völlig von der Rolle.

Mit Salome nahm's auch kein gutes Ende. Sie besuchte eine Ballettschule. Modernen Tanz hatte sie sich ausgesucht, 'ne Menge Haut zeigen, die Gedanken ganz aufs Becken konzentrieren, bloße Füße, rumhüpfen – aber sie schaffte es nicht. Ging von zu Hause weg, nach irgendeiner Explosion zwischen ihrer Mom und dem Stiefvater, mitternächtliches Geschrei über die Prinzessin und was sie so anstellte, ein bisschen Mobiliar ging dabei kaputt. Danach strippte sie in Nachtklubs, nur um die Eltern zu ärgern, schätz ich. Eines Nachts kriegte sie in ihrem Umkleideraum eins über die Birne gezogen, direkt vor der Show, schlecht für den Nachtklub, irgendjemand schlug ihr mit 'ner Vase den Schädel ein, sie hatte nichts an außer ihrem schwarzen Lederbikini und einem mit Stahlstacheln besetzten Würghalsband, das die Gäste dermaßen auf Trab brachte, nicht dass ich das selbst mal gesehen hätte. Zwei Typen in Fahrradkurierkleidung oder irgendeiner Art von Sportdress jedenfalls wurden dabei beobachtet, wie sie aus dem Bühneneingang kamen und wegrannten. Die haben sie nie gekriegt. Vom Stiefpapa geschickte Killer, sagt man, aus lauter Eifersucht. Die werden so, wenn das Haar ausfällt. Ist alles die Mutter schuld, wenn Sie mich fragen.

Plots für Exoten

Schon von Kindesbeinen an wusste ich, dass es mein Ehrgeiz war, in einem Plot mitzuspielen. Oder in mehreren Plots – ich betrachtete das als etwas, was man beruflich machen konnte. Aber mir liefen keine Plots über den Weg. Du musst dich bewerben, sagte mir ein Freund. Er war viel rumgekommen, obwohl er selbst auch noch nicht in einem Plot mitgespielt hatte, also nahm ich seinen Rat an und ging zur Plotfabrik. Wie für alles andere, gab's auch hier ein Vorstellungsgespräch. Also, sagte der gelangweilte, recht junge Mann hinter dem Schreibtisch, Sie glauben, dass Sie das Zeug dazu haben, in einem Plot mitzuspielen. Welche Art von Rolle hatten Sie sich denn vorgestellt? Er hatte eine Liste in der Hand, spielte damit herum, fuhr mit seinem Filzstift rauf und runter. Rolle?, sagte ich. Ja, sagte er, damit arbeiten wir hier. Plots und Rollen. Das eine ist ohne das andere nicht zu haben. Na ja, sagte ich, ich kann es ja mal mit der Hauptrolle probieren. Oder mit einer der Hauptrollen. Ich nehm an, es gibt mehr als eine. Die Hauptrolle können Sie nicht bekommen, sagte er grob. Warum nicht?, sagte ich. Gucken Sie mal in den Spiegel, sagte er. Sie sind ein Exot. Wie meinen Sie das, ein Exot?, sagte ich. Ich bin ein anständiger Mensch. Für Hula-Tänze bin ich nicht zu haben. *Exotisch*, sagte er mit seiner gelangweilten Stimme. Gucken Sie im Wörterbuch nach. Fremd, ausländisch, von draußen kommend. Nicht von hier.

Aber ich bin von hier, sagte ich. Hab ich eine komische Aussprache oder was? Ich hab die Regeln nicht gemacht, sagte er. Vielleicht sind Sie von hier, ich bestreite das nicht, aber Ihr Aussehen spricht dagegen. Wenn wir woanders wären, würden Sie nicht so aussehen, als wären Sie von draußen reingekommen, weil Sie schon draußen wären, wie jeder andere dort. Dann wär ich der Exot, nicht wahr? Er lachte kurz auf. Aber wir sind hier, nicht wahr. Hier sind wir. Und *Sie* sind da. Ich hatte keine Lust, darüber zu streiten, wer wie wo aussah, also sagte ich: Okay, dann eben nicht die Hauptrolle. Was haben Sie denn noch? Für Exoten, sagte er und blätterte seine Liste durch. Lassen Sie mich mal sehen. Da gab's früher nicht viel Auswahl. Sie konnten ein freundlicher, gutmütiger Exot sein oder ein dummer, betrunkener, seine Frau prügelnder Exot oder ein feindlicher Exot, der vom Pferd fällt, oder ein schlauer, bösartiger Exot mit irgendeiner Art von großem bösen Plan. Als Frau konnten Sie eine sinnliche Exotin spielen – eine laszive, schöne, verkommene Exotin. Sie konnten aber auch den komischen Diener geben. Das war's. Das war's?, sagte ich. Ich war entsetzt. Aber heute gibt es mehr Möglichkeiten, sagte er. Er wurde jetzt etwas lebhafter. Sie könnten der beste Freund sein, sagte er. Sie würden das Mädchen nicht kriegen, aber zumindest würden Sie irgendein Mädchen kriegen. Oder Sie könnten der Nachbar sein, der auf ein Schwätzchen rüberkommt. Oder Sie könnten ein Typ mit speziellen Fähigkeiten sein – eine Art Trainer. Sie könnten der Hauptrolle beibringen, wie man Köpfe abschlägt, einhändig, mit einem Schwert. So was können wir immer gebrauchen. Oder Sie könnten ein weiser Mann sein; Sie könnten religiös sein, irgendein uralter Glaube, oder Sie könnten bedeutungsvolle, aber dunkle Dinge sagen, wie-heißen-die-gleich aussprechen. Weissagungen, sagte ich. Ja, sagte er, so was. Früher musste man eine Frau sein, um diese weisen Rollen zu bekommen, irgendeine Art Frau, aber dann fingen die Frauen an, Jobs zu haben, und dann glaubte ihnen niemand mehr, dass sie weise waren. Wenn Sie heutzutage eine weise Frau spielen wollen, müssen Sie eine Exotin sein. Man kann auch als Mann weise sein, aber dann muss man auch alt sein. Ein Bart hilft sehr. Können Sie singen? Nicht besonders gut, sagte ich. Schade, sagte er. Dann wird es nichts mit der Oper. Da gibt's jede Menge Plots. Ich hätte Sie im Chor unterbringen können. Denen ist egal, wie Sie aussehen. Die tragen sowieso alle diese exotischen Kostüme. Hören Sie, sagte ich, das ist alles nichts für mich. Das bin ich nicht. Wie wär's, wenn Sie mir einen Job in der Plotfabrik besorgten? Ich glaub, da wär ich gut. Was?, sagte er. Das klang erschrocken. Ich würde das schnell lernen, sagte ich. Ich könnte mir ein paar neue Plots ausdenken, oder den alten die eine oder andere neue Wendung geben – die Rollen ein bisschen verschieben. Anderen Leuten eine Chance geben, die betrunkenen Idioten und die komischen Diener zu spielen und so weiter. Ihr dramatisches Spektrum erweitern. Woran ich eigentlich dachte, war, mir selbst die eine oder andere Hauptrolle zu sichern. Mir meine Kinderträume zu erfüllen. Oder sogar einen ganzen Plot zu erfinden, in dem nur Exoten spielen. Exoten von Wand zu Wand. Dann hätte ich die Hauptrolle, ganz klar.

Er kniff die Augen zusammen. Vielleicht konnte er meine Gedanken lesen: Ich bin nicht verschlagen, ich kann mich nicht verstellen. Ich weiß nicht, sagte er. Wir haben einen gewissen Standard, den wir aufrechterhalten müssen. Ich glaub nicht, dass es funktionieren würde.

Ressourcen der Ikarianer

Ein Land braucht Ressourcen, und unseres hat keine. Keine Ölquellen, keine Mineralien, keine Diamanten, keine Wälder, keine ertragreichen Böden, keine schnell fließenden Ströme, um Elektrizität zu gewinnen. Wie könnten wir auch hier draußen auf einem unfruchtbaren, ziegenüberlaufenen Klumpen Geologie mitten im Ozean und von allen wichtigen Orten gleich weit entfernt solche Ressourcen haben?

Wir haben, so viel ist wahr, einiges an Geschichte. In den alten Zeiten, als es noch kein Radar gab, liefen eine Menge Schiffe auf den schwer berechenbaren Riffen vor der Küste und den sich verschiebenden Sandbänken auf. Unsere Vorfahren schlugen daraus ziemlich gutes Kapital, sie versetzten einfach die Leuchtfeuer, raubten die zerstörten Schiffsrümpfe aus, plünderten die Leichen. Wir haben versucht, diese geschichtlichen Ereignisse zur Ressource umzuwandeln, aber ohne viel Erfolg.

Die Entfernungen, die die Touristen zurücklegen müssten, um sich die schmalen, steinübersäten Strände anzusehen, wo sich diese bedauerlichen Schandtaten abspielten, sind zu groß, die Preise daher zu hoch. Wir haben ein paar Ruinen aufgebaut, aber sie täuschen niemanden, selbst aus der Ferne nicht.

Einige Berichte über uns – in veralteten und kuriosen Reisebüchern – zitieren noch die Legende, nach der unsere

Insel auf Weisung des einen oder anderen Gottes entstand, als der im griechischen Mythos berühmte Ikarus ins Meer stürzte, nachdem seine künstlichen, mit Wachs zusammengehaltenen Flügel geschmolzen waren. Dieses Missverständnis beruht auf dem Namen unserer Insel: ein Wort, das in Wirklichkeit nicht im Mindesten griechisch ist. Es bedeutet – in unserer Sprache – einfach »Matschhaufen«. Aber die Urlaubsorte – oder ehemaligen Urlaubsorte, die von optimistischen Investoren aus dem Ausland gebaut worden waren, Anlagen, die ausnahmslos gegen Mitte der zweiten Saison geschlossen wurden, wonach wir Ortsansässigen die Toilettenschüsseln klauten –, diese künstlichen Orte versuchten aus der romantischen Fälschung Kapital zu schlagen und ließen sich einen Jungen mit Flügeln aufs Briefpapier drucken. Einen schon leicht angesengten Jungen, der dabei war, in den Tod zu stürzen, sollte ich hinzufügen. Als Logo war das nicht gut durchdacht.

Was sollten wir tun? Das Geschäft mit Kindersex kommt für uns nicht in Frage: Unsere Kinder sind unattraktiv und grob, und da sie unsere Geschichte kennen, haben sie überdies die schlechte Gewohnheit, mögliche Kunden auszurauben und sie die Klippen runterzustoßen. Wir haben versucht, ein paar traditionelle Handwerke zu beleben: Wir brachten den alten Frauen die Herstellung von Schiffchenspitze bei – sie hatten noch einige flüchtige Erinnerungen daran –, aber wer will heutzutage noch Sachen aus Schiffchenspitze? Nicht mal die Linie mit den Schiffchenspitze-Bikinis war erfolgreich. Wir haben mit Internet-Telemarketing experimentiert, das uns ermöglichte, nicht einwandfrei geschützte Kreditkartenkonten zu plündern; man konnte uns schlecht beikommen, schon immer, wir sind so weit von allem entfernt, was einem Gerichtshof ähnelt. Eine Zeit lang beschäftigten wir uns mit virtuellen Flugbuchungen, was wir aber wieder einstellen mussten, nachdem es in den Business-Lounges zu rasenden Wutausbrüchen mit Körperverletzungen gekommen war; und wir gründeten eine Fast-Food-Kette mit Ziegenburgern, aber niemand fing so richtig Feuer. Außerdem gingen uns die Ziegen aus. Also was nun, fragen wir uns? Unser Arbeitskräftereservoir ist nicht groß und so oder so der Arbeit abgeneigt. Was wir wirklich gerne hätten, wären ein paar Offshore-Banken oder auch ein großes Gefängnis, aber die wachsen nicht auf Bäumen.

In unserer Verzweiflung sind wir wieder auf die Idee mit den Künstlern verfallen. Mit Gewissheit haben wir genug Elend zu bieten, um eine ganze Reihe von ihnen hervorzubringen. Aus dem Schmerz, den wir ihnen gezielt während ihrer Kindheit und in willkürlichen Abständen dann auch später noch zugefügt haben, aus der Armut, die wir garantieren können, werden die Künstler Kunst machen. Sie werden schreiben oder malen oder singen, und dann werden sie früh sterben, und danach können wir mit ihnen Geld machen. Es wird Ansichtskarten geben, schwarz-weiße, auf denen der Künstler verkniffen oder misstrauisch in die Welt guckt; es wird auch Pilgerfahrten geben und Sehenswürdigkeiten (das Geburtshaus des Künstlers, das ein blaues Emailleschild tragen wird; seine Bar desgleichen; der Graben, in dem er am liebsten schlief); geschmacklose, aus Drahtbügeln gemachte Figuren des Künstlers; vielleicht – oder ist das zu viel verlangt? – einen schönen Bildband. Langfristig einen Film, in dem der Künstler noch einmal leidet und misstrauisch guckt und trinkt und jung verstirbt. Aber dieser Plan ist bis jetzt noch nicht aufgegangen.

Wir haben tatsächlich einen Dichter gehabt, der fast einen Preis gewonnen hätte. Er hat letztes Jahr den Löffel abgegeben, wobei Alkohol und Drogen und einige von uns ein wenig nachgeholfen haben. Es kann sein, dass wir es zu eilig hatten – vielleicht hätten wir ihn etwas länger reifen lassen sollen –, aber ein lebendiger, verarmter Poet belastet den Haushalt, während ein toter großes Potenzial besitzt.

Wir haben die Hoffnung aber noch nicht aufgegeben. Unsere größte Ressource ist sicherlich unser Optimismus: Man könnte ihn einen Tribut an den menschlichen Geist nennen. Die T-Shirt-Hersteller haben schon losgelegt. Noch ist nicht alles verloren.

Unser Kater kommt in den Himmel

Unser Kater wurde ergriffen und in den Himmel entführt. Höhen hatte er noch nie gemocht, also versuchte er seine Krallen in das zu schlagen, was immer ihn da unsichtbar emportrug, Schlange, Riesenhand oder Adler, aber er hatte damit kein Glück.

Bei seiner Ankunft erwies sich der Himmel als weites Feld. Da gab es eine Menge von kleinen rosa Wesen, die unablässig herumliefen, und zuerst dachte er, dass es Mäuse wären. Dann sah er Gott, der auf einem Baum saß. Engel flogen mit ihren flatternden weißen Flügeln hin und her; sie gaben Laute von sich wie Tauben. Immer mal wieder streckte Gott eine große, fellbedeckte Pfote aus und griff sich einen aus der Luft und zermalmte ihn zwischen den Zähnen. Der Boden unter dem Baum war bedeckt von abgebissenen Engelsflügeln.

Unser Kater ging höflich zu dem Baum hinüber.

Miau, sagte unser Kater.

Miau, sagte Gott. Eigentlich war es mehr ein Brüllen.

Ich hab mir schon immer gedacht, dass du eine Katze sein müsstest, sagte unser Kater, aber ich war mir nicht sicher.

Im Himmel werden alle Dinge offenbar, sagte Gott. Dies ist die Gestalt, in der es mir beliebt, vor dir zu erscheinen.

Ich bin froh, dass du kein Hund bist, sagte unser Kater. Was meinst du, könnte ich meine Hoden wiederhaben?

Aber natürlich, sagte Gott. Sie sind hinter dem Busch da.

Unser Kater hatte schon immer gewusst, dass seine Hoden irgendwo sein mussten. Eines Tages war er aus einem ziemlich unangenehmen Traum erwacht und hatte festgestellt, dass sie weg waren. Er hatte sie überall gesucht – unter Sofas, unter Betten, in Schränken –, und die ganze Zeit über hatten sie sich hier befunden, im Himmel! Er ging zu dem Busch hinüber, und tatsächlich, da lagen sie. Sie ließen sich sofort wieder anbringen.

Unser Kater war sehr erfreut. Danke, sagte er zu Gott.

Gott putzte sich gerade die eleganten langen Barthaare. De rien, sagte Gott.

Kann ich dir vielleicht dabei helfen, ein paar von den Engeln zu fangen?, sagte unser Kater.

Du hast Höhen noch nie gemocht, sagte Gott, während er sich im Sonnenlicht auf seinem Ast streckte. Ich habe vergessen, das Sonnenlicht zu erwähnen.

Das ist wahr, sagte unser Kater. Die mochte ich nie. In diesem Zusammenhang gab es einige unerfreuliche Episoden, die er lieber vergessen wollte. Na gut, wie wär's mit ein paar von diesen Mäusen?

Das sind keine Mäuse, sagte Gott. Aber fang ruhig, so viele du willst. Bring sie nicht gleich um. Lass sie leiden.

Du meinst, mit ihnen spielen?, sagte unser Kater. Es gab immer Ärger, wenn ich das gemacht hab.

Das ist eine Frage der Semantik, sagte Gott. Hier gibt's deswegen keinen Ärger.

Unser Kater beschloss, diese Bemerkung zu ignorieren, weil er nicht wusste, was »Semantik« bedeutete. Er hatte nicht die Absicht, wie ein Narr dazustehen. Wenn das keine Mäuse sind, was sind sie dann?, sagte er. Und schon hatte er einen Satz gemacht und hielt eines von den kleinen Wesen unter den Pfoten. Es strampelte und stieß winzige Schreie aus.

Das sind die Seelen von menschlichen Wesen, die auf der Erde Böses getan haben, sagte Gott und schloss die gelbgrünen Augen halb. Nun wird's Zeit für mein Nickerchen, wenn es dir nichts ausmacht.

Aber was machen die dann im Himmel?, sagte unser Kater.

Unser Himmel ist ihre Hölle, sagte Gott. Ich schätze ein Universum, in dem sich alles ausgleicht.

Chicken Little geht zu weit

Chicken Little las zu viel Zeitung. Er hörte zu viel Radio und er sah zu viel fern. Eines Tages brach etwas entzwei. Was war der letzte Strohhalm gewesen? Schwer zu sagen, aber was immer es war, es hätte ihn nicht gleich hysterisch machen müssen. Die meisten Leute schütteln so etwas ab, weil Jammern so unbekömmlich ist, aber nicht Chicken Little. Ihm brannten schon immer schnell die Sicherungen durch. Er rannte also die Straße hinunter und piepste, so laut er konnte. Der Himmel fällt runter!, piepste er.

Oh, um Gottes willen, sagte Henny Penny, die gerade dabei war, Einkäufe in ihren Supervan mit Vierradantrieb zu laden. Chicken Little, du bist hier in der Öffentlichkeit. Du belästigst die Leute.

Aber der Himmel fällt runter, sagte Chicken Little. Ich muss die Leute warnen.

Das hast du letztes Jahr schon mal gemacht, sagte Henny Penny, und der Himmel ist noch immer an Ort und Stelle. Zumindest, seit ich das letzte Mal nachgeguckt hab, fügte sie mit plumper Ironie hinzu.

»Der Himmel fällt runter« ist eine Metapher, sagte Chicken Little verstimmt. Es ist wahr, der Himmel fällt wirklich runter, aber das Fallen des Himmels repräsentiert alle möglichen anderen Dinge, die auch auseinanderfallen. Runterfallen und auseinanderfallen. Du solltest endlich aufwachen.

Geh nach Hause, trink ein Bier, meditier ein bisschen, sagte Henny Penny. Was auch immer. Morgen wird's dir wieder besser gehen.

Aber der nächste Tag kam, und Chicken Little fühlte sich nicht besser. Er guckte bei seinem alten Freund Turkey Lurkey vorbei, der an einer Institution für höhere Bildung lehrte.

Der Himmel fällt runter, sagte Chicken Little.

Das ist eine Hypothese, sagte Turkey Lurkey. Andere Erhebungen zeigen, dass es nicht der Himmel ist, der fällt. Es ist die Erde, die steigt. Das Aufsteigen der Erde verdrängt einfach den Himmel. Das geht auf geozyklische Ursachen zurück und ist nicht Folge menschlichen Handelns, und daher können wir nichts dagegen tun.

Ich kann nicht erkennen, dass es den geringsten Unterschied macht, ob die Erde aufsteigt oder der Himmel fällt, sagte Chicken Little, da das Endergebnis in beiden Fällen sein wird, dass wir ohne Himmel dastehen.

Das ist eine einfältige Sicht der Dinge, sagte Turkey Lurkey mit beleidigender Herablassung.

Chicken Little knallte Turkey Lurkeys Bürotür zu, was Turkey Lurkeys Korktafel, die mit witzigen Zeitungscartoons dekoriert war, zu Boden fallen ließ. Dann machte er sich zu Goosey Loosey auf, seinem alten Zimmergenossen, der nun Redakteur einer bedeutenden Zeitung war.

Der Himmel fällt runter, sagte Chicken Little. Es ist deine Pflicht, einen Leitartikel darüber zu schreiben!

Wenn du gesagt hättest: »Die Aktien fallen«, wäre das eine Nachricht wert, sagte Goosey Loosey. Zugegeben, der Himmel fällt runter, zumindest Teile davon. Das ist uns nicht unbekannt, aber die Experten arbeiten daran. Sie werden das sehr bald in Ordnung gebracht haben. Inzwischen seh ich keine Notwendigkeit, Panik auszulösen.

Chicken Little ging davon. Er war untröstlich. In einer Bar suchte er Zuflucht. Er genehmigte sich ein paar Drinks.

Ertränken Sie Ihren Kummer?, sagte der Barmann, dessen Name Skunky Punky war.

Der Himmel fällt runter, sagte Chicken Little.

Das sagen sie alle, sagte Skunky Punky. Behandelt das alte Huhn dich nicht gut? Dann such dir 'ne andere, ein Hühnchen, wenn du meine Meinung hören willst. Spiel ein bisschen Golf. Schwitz es raus. Wird dir guttun.

Golfrasen sind mit giftigen Chemikalien getränkt, die Keimdrüsenkrebs verursachen, sagte Chicken Little.

Was ist das wieder für ein himmelschreiender Blödsinn?, sagte Skunky Punky, der seinen Job leid war und Streit suchte.

Entschuldigung, sagte Ducky Lucky, der zugehört hatte. Ich habe das zufällig mitgekriegt. Ich bin Vorsitzender einer Bürgerinitiative, die sich dem Ausgleich dieser himmelsorientierten Mangelerscheinungen widmet, die Sie zu verstören scheinen. Das ist ein Problem, mit dem man sich nicht allein auseinandersetzen kann. Aber zusammen können wir etwas erreichen! Haben Sie Ihr Scheckheft dabei?

Chicken Little lehnte dieses Angebot ab. Er bildete selbst eine Gruppe, die sich DHFR nannte – ein Akronym für Der Himmel Fällt Runter, was er den Journalisten am Anfang ausführlich erläutern musste. Er legte eine Website an. Bald hatte er eine eifrige Schar von Jüngern. Vor allem Spechte und Wasserratten, aber warum nicht? Sie störten politische

Versammlungen. Sie blockierten Autostraßen. Sie unterbrachen Gipfelkonferenzen. Sie trugen große Transparente: Um Himmels willen rettet den Himmel! Fällt der Himmel, fällt der Mensch! Der Himmel ist unsere Grenze!

Das wird ja ernst, sagte Hoggy Groggy, der Chef einer großen Baufirma war, die Senioren Grundstücke im Himmel verkaufte. Er selbst wohnte in einem Bunker, um sich vor den großen Stücken Himmel zu schützen, die nun zu unberechenbaren Zeitpunkten und an unvorhersagbaren Orten herunterkamen.

Er ließ Foxy Loxy kommen. Foxy Loxy bewegte sich in der Schattenwelt. Er erledigte gegen gute Bezahlung unangenehme Dinge und trat entschieden dafür ein, keine Rechenschaft abzulegen. Ein Mann muss Essen auf den Tisch bringen, war sein Motto. Nicht dass er sich groß um Tische kümmerte. Soweit es ihn anging, waren sie Luxus.

Dieser Chicken-wie-heißt-er-gleich-Wicht ist schlecht fürs Geschäft, sagte Hoggy Groggy zu Foxy Loxy. Er macht mir Kopfschmerzen. Er ist gegen den Fortschritt. Erlös ihn von seinem Elend.

Typen wie den ess ich zum Frühstück, sagte Foxy Loxy. Das ist die beste Methode. Da bleibt nichts übrig außer ein paar Federn vielleicht, und sie finden nie eine Leiche. Was zahlst du?

Der Himmel ist die Grenze.

Und so war es.

Thylazin-Ragout

Sie haben das Thylazin geklont. Sie entnahmen ein bisschen DNA aus einem Knochen und entkernten das Ei eines Tasmanischen Teufels und injizierten die Thylazin-Knochen-DNA in das Ei, und das Ei wuchs, und sie pflanzten es ein, und es funktionierte nicht, und sie machten es noch mal, und es funktionierte nicht, und sie machten es noch mal, noch mal, noch mal, und sie versuchten es ein wenig anders, und sie drehten es ein bisschen hierhin und dahin, und schließlich klonten sie das Thylazin. Da kam es raus, das Thylazin-Baby, und sie umhegten es zärtlich und mit großem Interesse, und da war es nun, lief mit seinen Streifen herum, ziemlich hektisch, wie in dem einzigen verbliebenen Film über ihn, in dem es läuft und geht und stille Schreie ausstößt, weil der Film ein Stummfilm ist, und in dem es stehen bleibt, um mit einem zugleich rührenden und strengen Ausdruck in die Kamera zu gucken. Es war ein Thylazin, so viel kann man sagen, oder es sah zumindest so aus, oder es sah so aus, wie wir uns ein Thylazin vorstellten, denn dieses Tier hatte kein lebender Mensch jemals wirklich gesehen. Wie auch immer, was sie da fabriziert hatten, war nahe genug dran. Wir wollen nicht nörgeln.

Das machte Schlagzeilen, natürlich, und sie nannten das Thylazin Truganninni. Ein Name, den man in diesem Teil der Welt auf Speisekarten sieht, vielleicht als Zeichen des

Respekts oder um etwas Bestimmtes zu verkaufen, oder zur Erinnerung, wie auf Grabsteinen. Jedenfalls nannten sie es Truganinni nach der letzten vollblütigen Aborigine-Frau auf der Insel. Sie wurde vergewaltigt, zumindest erzählt man sich das, ihre Schwestern wurden umgebracht, zumindest erzählt man sich das, ihre Mutter wurde umgebracht, ihr Mann wurde vor ihren Augen umgebracht, ihr Vater starb vor Kummer, sie lebte einsam, in einer Einsamkeit, die die meisten Leute getötet hätte, ihre Knochen wurden ausgegraben und hundert Jahre lang ausgestellt, gegen ihren Willen, aber sie war tot, also was konnte sie schon für einen Willen haben, welches Recht haben die Toten, ihren Willen durchzusetzen, sie sind ja gar nicht mehr da, außer in Gestalt von Knochen in einem Glaskasten, damit Leute sie anstarren können. Wie die Thylazin-Knochen, die auch jahrelang angestarrt wurden, bis man aus ihnen die DNA rausholte, um das Thylazin zu klonen.

Es zog viele Besucher an. Ein Dokumentarfilm wurde gedreht. Preise wurden vergeben. Was passierte dann? Das Thylazin verschwand. Wie von der Erde verschluckt. An einem Tag war es noch da, allein, einzeln, in seinem Käfig, oder besser in seinem großen, landschaftlich gestalteten Gehege, in dem es immer herumlief, als suchte es etwas, und dann war es weg. Es starb aber nicht an Einsamkeit. Es wurde verkauft. Ein korrupter Wissenschaftler zog sich mit dem Geld auf die Bermudas zurück. Ein sehr reicher Mensch, der Geschmack am Raffinierten hatte, aß das Thylazin. Er aß es als Ragout. Er hatte eine Leidenschaft für das Einzigartige, er wollte der einzige Mensch sein, der jemals Thylazin gegessen hatte. Es schmeckte nicht besonders, obwohl es sorgfältig zubereitet worden war – na ja, es gab keine Rezepte dafür –, aber es schmeckte sehr teuer, und der Mann, der es aß, hielt in seinem geheimen Tagebuch fest, dass es das Geld wert gewesen war.

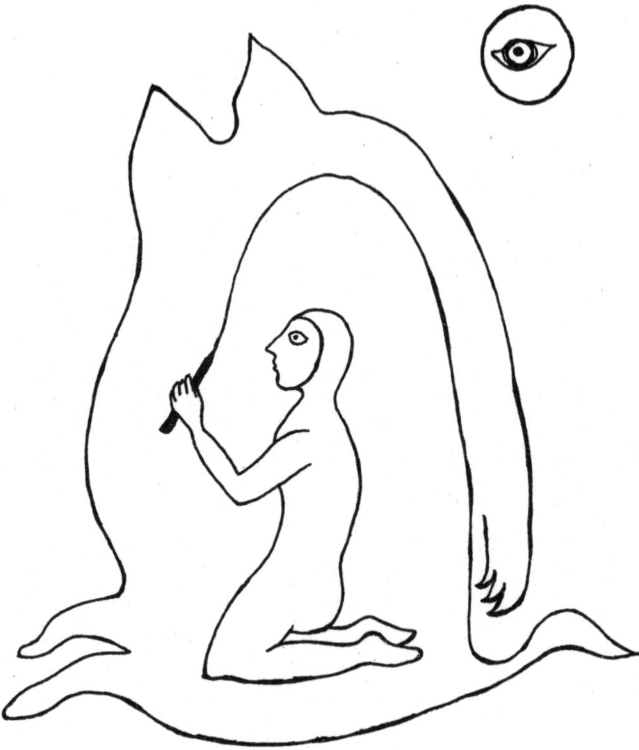

Die Tiere legen ihre Namen ab, und die Dinge kehren zu ihren Ursprüngen zurück

I.

Der Bär fing damit an. Er sagte:
Ich steig da aus.
Ich bin nicht Bär, l'Ours, Ursus, Bear
oder irgendwelche anderen Silben,
die ihr mir angeheftet habt.
Vergesst die Schlossgobelins,
auf denen ich in gestickten Ketten
herumgeführt werde. Vergesst
die Jagd und ihren scharlachroten Ruhm,
die rühmlich war nur für euch,
mit euren Keulen und Knüppeln.
Vergesst die Märchen, in denen ich
eure zottige Puppe war, der Prinz im Fellhemd,
Ersatz für menschliche Dämonen.
Ich bin nicht euer Mantel, Teppich,
eure glasäugige Trophäe, euer Einschlafteddy,
und das da draußen im All bin ich auch nicht
mit meiner sternenschimmernden Keule.
Ich bin nicht euer Totem; ich will nicht mehr
in eurem Zirkus tanzen, ihr könnt meine
Seele nicht in Stein meißeln.

Ich schwöre der Metapher ab: Ich bin kein
Kinds-Räuber, Gestalt-Wandler,
alter Abfall-Fresser, und das Gleichnis
könnt ihr auch vergessen:
Ich bin nicht *wie ein Mensch*.

Ich nehme zurück, was ihr gestohlen,
und in eurer Sprache verkünde ich:
Ich bin jetzt namenlos.
Mein wahrer Name ist ein Knurren.

(Dabei fällt mir ein, ich bin
auch kein britischer Kopfschutz:
Tapferkeit ist meine Sache nicht.
Ich will nur wieder Lachse fressen
ganz ohne militärische Verantwortung.)

Ich schließ mich an, sagte der Löwe
und verließ seine Wappen
und Filmlogos; und der Adler sagte:
Hol mich von dieser Fahne runter.

II.

Daraufhin lösten sich die Wörterbücher auf,
und die Zeit stand still und lief dann rückwärts;
Pullover wickelten sich in Wollknäuel zurück,
die blökend in die Wiesen hinausrollten;
die Parfüms kehrten nach Frankreich zurück,
und alte Männer starben einen süßen Tod,

vom Überfluss der Düfte.
Priester gaben ihre Röcke
den Frauen zurück, und die Frauen
warfen ihre Alligatorschuhe ab,
bevor ihre früheren Besitzer erschienen,
um sie zu beanspruchen.
Die Geigen der Ostküstenstrände
entwichen den Fingern ihrer Spieler,
saugten Walzer ein, Klagen und Tänze,
landeten in Schottland, fielen heulend
auseinander in Holz und Sehne
und verschwanden in die Wälder
und in die Eingeweide und Schreie
längst verstorbener Katzen
und in die Schwänze abgedeckter Pferde.
Lieder stopften sich in die Kehlen
ihrer Sänger zurück, und
eine Milliarde Computer platzten auseinander
und machten sich Chip um Chip auf den Weg
zurück in die Hirne der Erfinder.

Zerquetschte Mäuse schossen rückwärts aus den Fallen,
Bräute und ihre Männer entkoppelten sich wie rangierende
Züge,
Sardinendosen explodierten, setzten wimmelnde Schwärme
frei;
Dinosaurierknochen zischten wie Raketen
aus den Museen zurück in die Wildnis
und Kugeln flogen heiß in die Gewehrläufe.

Glasperlen ploppten von Gewändern und Mokkassins
und fielen in einem Hagel giftiger Farbe auf Italien,
während weiße Menschen in einer Woge der Verschmutzung
über den Atlantik verschwanden.
Vergeblich klammerten sie sich an ihren Werkzeugen fest,
an Autoschlüsseln und Rasenmähern,
die wie Metallfische zurück in die Bergwerke tauchten;
auch schwarze Menschen verschwanden, eroberten die
Synkopen zurück; und alle Blumen wurden blütenweise
in ihre Stängel zurückgesaugt.
Die Eingeborenen machten kurzen Prozess
mit Cowboys und Longhorns, gingen dann aber
nach Westen, sangen ein Abschiedslied an
die Ebenen ihrer Vorfahren, die wieder von
zottigen Mastodonten und den Vorläufern
der Pferde übernommen wurden,
und überall
schrumpften die Kinder und begannen
die Zähne zu verlieren und Haare zu bekommen.

III.

Na ja, und es gab auf einmal viel mehr Flamingos,
bevor die sich wiederum in Eier verwandelten,
während die Körper der Menschen sich durch
ihre fleischlichen Genealogien wie über
Trittsteine zurückbewegten,
Mann Frau Mann, das Gefäß wurde zur Flüssigkeit,
die Sprache aufgebend und sich sammelnd
Strang um Strang des Protoplasmas,

bis es nur noch einen von ihnen gab,
allein bei der ersten Namensgebung;
aber die gewitzten Tiere, gewarnt
und in Kenntnis der verschiedenen Bedeutungen
des Wortes *Herrschaft*,
tauchten nicht auf,
und Adam, sprachlos,
seines Arsenals richtiger Wörter beraubt,
kehrte in den Lehm zurück
und der Lehm selbst wurde Lava
und Lava wurde die ungekühlte Erde
und die ungekühlte Erde ein Wirbel
weiß glühender Energie, und die Energie
stieß sich selbst in ihr eigenes Potenzial
und strudelte wie leuchtendes Badewasser
in ein nicht-existentes Wurmloch.

IV.

Ich könnte dies mit einer Moral beenden,
wie eine Fabel über Tiere,
obwohl Fabeln nie von Tieren handeln.

Ich könnte sagen: Ärgert den Bären nicht,
erzählt keine bösen Witze über ihn,
habt Mitleid mit seinem Bärenherzen;
ich könnte sagen: Denkt gut nach,
bevor ihr sprecht.
Ich könnte sagen: Du sollst niemandes Namen
unnützlich führen.

Aber dafür ist es viel zu spät,
denn ihr könnt dies hier nicht lesen,
denn ihr kennt das Wort *lesen* nicht mehr,
denn euch ist schwindlig vor Aphasie,
denn die Seite wird dunkel und wirft Wellen,
denn sie ist fließend und jungfräulich,
weil Gott sich auf die Zunge gebissen hat,
und das erste strahlende Wort der Schöpfung
schwebt in der gestaltlosen Leere
unausgesprochen.

Drei Romane, die ich nicht so bald schreiben werde

1. WURM ZERO

In diesem Roman sterben alle Würmer. Das schließt die Nematoden ein. Auch alles, was so aussieht wie ein Wurm, selbst wenn es sich nicht um einen richtigen Wurm handelt. Sollte man Larven auch einschließen? Oder Maden? Ich werd das genauer wissen, wenn ich mich erst gründlicher mit der Sache beschäftigt habe.

Würmer jedenfalls. Die in der Erde und die im Wasser. Die in Fischen. Die in Hunden. Die in Menschen, also Rundwürmer, Darmwürmer und Bandwürmer. Die sterben, jeder einzelne von ihnen. Es ist nicht alles negativ.

Oder zumindest ist am Anfang nicht alles negativ. Aber ziemlich bald – weil die Regenwürmer jetzt tot sind, und das ist das Entscheidende – hört die gewöhnliche Zirkulation im Erdboden auf. Wurmdung wird nicht mehr an die Oberfläche geschoben, es gibt keine Wurmlöcher mehr, die es dem Regen ermöglichen, in die Erde einzudringen. Wertvolle Nährstoffe bleiben in den unteren Schichten des Bodens eingeschlossen. Früher fruchtbare Felder verwandeln sich in Granit. Getreide kümmert vor sich hin und wächst dann überhaupt nicht mehr. Eine Hungersnot bricht aus.

Wem sollen wir im Lauf dieser traurigen Geschichte folgen? Ich bin für Chris und Amanda. Sie sind ein nettes junges Paar, das im ersten oder vielleicht zweiten Kapitel großartigen Sex hat. Dann wird ihnen klar, was da vor sich geht, und dass ihr Plan, die Küche zu renovieren, ruiniert ist. Sie werden sich keinen neuen runden, umweltfreundlichen Kühlschrank, der sich aus der Küchentheke herausfahren lässt, mehr einbauen können.

Sie flüchten in ihr Sommerhäuschen, als die bürgerliche Ordnung in der einst blühenden Kleinstadt, in der sie leben, zusammenbricht und die Leute anfangen, ihre Katzen und Goldfische und die getrockneten Sonnenblumen aus ihren Blumenarrangements im Speisezimmer zu essen.

Amanda – von beiden ist sie die Optimistin – versucht, ein paar Zwergtomaten in dem traurigen kleinen Garten zu ziehen, den sie früher nur für Petunien genutzt haben. Chris ist Realist. Er blickt der Katastrophe unmittelbar ins wurmlose Angesicht. (Ja – jetzt fällt's mir ein –, die Maden sind auch eingegangen, was erklärt, warum um das Sommerhäuschen herum verschiedene Tierkadaver liegen, an denen Krähen und andere Vögel ein bisschen herumgehackt haben. Aber nichts ist so sauber aufgeräumt wie in den Tagen, als die Maden diesen Job erledigten.)

Letzte Szene: Amanda versucht, mit einer Stricknadel Löcher in die steinharte Erde zu stechen. Chris kommt aus dem Haus. Er hat eine Tasse in der Hand, die den letzten Rest ihres entkoffeinierten Instantkaffees enthält. »Zumindest sind wir zusammen«, sagt Amanda.

Oder sollte ich Chris aufschreien lassen: »Wo seid ihr, ihr verdammten Würmer, wenn man euch wirklich braucht?«

Vielleicht sollte Amanda das rufen. Damit würde niemand rechnen, und es würde zeigen, dass sich ihr Charakter entwickelt hat.

Jetzt, da dies erfolgt ist – dieser kathartische, enthüllende und irgendwie vergeistigende Schrei –, könnte ein kleiner, sich noch schlängelnder Wurm in einem Winkel des Gartens entdeckt werden, wie er mit sich selbst kopuliert. Das schlüge einen Ton verhaltener Hoffnung an. Das setze ich immer gerne als Schlusspunkt.

2. SCHWAMMTOD

In diesem Roman beginnt ein Schwamm auf einem Riff vor der Küste Floridas mit rasender Geschwindigkeit zu wachsen. Bald hat er das Festland erreicht und wälzt sich ins Land hinein. Auf seinem Weg schluckt er Strandbungalows und ganze geschlossene Siedlungen. Nichts kann ihn aufhalten. Er zeigt nicht den geringsten Respekt vor Straßensperren, der Staatspolizei oder sogar Bomben. Ein Schwamm auf dem Vormarsch ist ein formidabler Gegner. Er besitzt kein zentrales Nervensystem, er ist nicht wie wir.

»Er ist nicht wie wir«, sagt Chris vom Dach seines Hauses. Er ist mit seinem Fernglas dort hinaufgestiegen, um sich umzusehen. Amanda hängt voller Angst an ihm. Wie schade das alles ist – sie haben die Wohnung gerade gekauft, und darin hatten sie den großartigen Sex im ersten Kapitel. Und nun – guck dir das an. Die ganze Inneneinrichtung für die Katz.

»Könnten wir ihn nicht mit Salz bestreuen?«, fragt Amanda mit reizender Hilflosigkeit.

»Liebling, das ist keine Schnecke«, sagt Chris überlegen.

Sollten das seine letzten Worte sein? Soll jetzt der Schwamm mit einem weichen, aber tödlichen »glop« auf ihn fallen? Oder sollte man ihm erlauben, das monströse Badeaccessoire zu besiegen und das Unheil abzuwenden, für Florida, für Amerika und schließlich für die ganze Menschheit? Ich neige zu Letzterem.

Aber bis ich die Antwort auf diese Frage kenne, bis ich im tiefsten Herzen davon überzeugt bin, dass der menschliche Geist die Kraft besitzt, sich mit aller Entschiedenheit diesem bösartigen Lappen Zellulose entgegenzustellen – denn ein Autor, der im Innersten redlich ist, kann diese Dinge nicht vortäuschen –, werde ich lieber gar nicht erst anfangen.

3. KÄFERSTURZ

Ich hörte das wie in einem Traum. »Käfersturz«. Solche Eingebungen werden mir oft zuteil, solche Geschenke aus dem Unbekannten. Sie kommen mir einfach. So wie dieses.

Dieses Wort – wenn es denn ein Wort ist – würde sich auf dem Umschlag eines Buches ziemlich eindrucksvoll machen. Sollte man es »Käfer Sturz« schreiben, in zwei Worten? Oder auch »Käfer Absturz«? Oder vielleicht »Käfer Abstieg«, was literarischer klingen mag?

Lasst uns mal querdenken. Vergessen wir den Titel erst mal! Dies ist jetzt ein Roman ohne Namen. Damit bin ich sofort von der Notwendigkeit befreit, etwas über Käfer schreiben zu müssen. Ich habe sie so klar vor mir gesehen, als ich zuerst über das Buch nachdachte – alle Käfer dieser Welt, die sich wie Lemminge über eine Klippe in den Abgrund stürzen, angetrieben von einem geheimnisvollen, fehlgeleiteten Instinkt –, aber sie warfen auch ein Problem auf: Was nämlich sollte als Resultat daraus folgen?

Vielleicht habe ich mich verhört. Vielleicht war es »Koffer Sturz«. Vielleicht wurden Chris und Amanda, die in Chris' grünem Volkswagen unterwegs waren, von einem schwarzen Mercedes, an dessen Steuer Amandas betrunkener Ehemann saß, von der Straße gedrängt und kamen einem Abgrund gefährlich nahe. Chris und Amanda hatten im ersten Kapitel großartigen Sex, aber im zweiten Kapitel tauchte Amandas Ehemann auf, in dem Mercedes, gerade als Chris – der Student ist und als ihr Gärtner in der geschlossenen und bewachten Siedlung jobbt – Amanda eine postkoitale Erklärung der Celeoptera-Plage (rot und schwarz mit orangefarbenen Kauwerkzeugen) gab, die in dieser Saison die Hecken abfraßen.

Gerade als Chris das Wort *Hecken* ausspricht, springt der Ehemann durch das französische Fenster herein. Er ist ziemlich betrunken und sinnt auf Mord. Chris greift Amanda bei der Hand und stürzt mit ihr zu seinem eigenen, verbeulten Fahrzeug, einem grünen Ford-Pick-up: Ich habe den Volkswagen rekonfiguriert, er war nicht muskulös genug. Schnitt zur Autojagd. (Chris wird trotz der irritierenden Schreie Amandas sehr gekonnt fahren, und er wird erst im letzten Moment zur Seite schwenken, und der Ehemann, den wir noch nie leiden konnten – ein korrupter Öl- und Gasmanager und sadistischer Fußfetischist –, wird an ihrer Stelle selbst über die Klippe hinausschießen. Chris und Amanda werden sich bebend, aber dankbar in den Armen liegen, und genau dort wollten wir sie haben.)

Aber vielleicht war es nicht »Koffer Sturz«. Jetzt, da ich darüber nachdenke, könnte es auch »Kata Strophe« gewesen sein.

Wo landen wir damit? Auf der Erde. Aber welche Katastrophe? Es gibt so viele davon. Die in der Vergangenheit, die in der Gegenwart, und unglücklicherweise die, die noch kommen. Wie auch immer, sollte es »Kata Strophe« gewesen sein, weiß ich nicht, wie ich weitermachen kann. Chris und Amanda sind sympathisch. Sie haben ebenmäßige Zähne, sie sind schlank, sie tragen saubere Socken, und sie haben die besten Absichten. Sie gehören nicht in ein solches Buch, und wenn sie sich zufällig da hineinverirren, werden sie nicht lebend wieder rauskommen.

Übernehmen Sie

I)

– Sir, ihre Kanonen haben unser Schiff leckgeschossen. Wasser dringt herein, Sir.

– Steh da nicht rum, du Kielschwein! Schneid ein Stück Leinwand ab, spring ins Wasser, tauch und stopf das Loch.

– Sir, ich kann nicht schwimmen.

– Teufel noch mal, zur Hölle mit dir, welche Amme hat dich zur See fahren lassen? Es geht nicht anders, ich muss es selbst machen. Halt mal meine Jacke. Lösch das Feuer. Klar das Deck auf.

– Sir, sie haben mir das Bein abgeschossen.

– Na ja, tu, was du kannst.

II)

– Sir, ihre Panzerabwehrraketen haben die linke Kette von unserem Panzer zerlegt.

– Sitz da nicht rum, du Dummglocke! Nimm den Schraubenschlüssel, kriech unter den Panzer und bring das in Ordnung!

– Sir, ich bin Kanonier, kein Mechaniker. Außerdem würde das sowieso nicht funktionieren.

– Warum zum Teufel schicken die mir so nutzlose Idioten wie dich? Es geht nicht anders, ich muss es selbst machen. Gib mir mit dem Maschinengewehr Deckung. Halt die Handgranaten bereit. Reich mir den Spanner da.

– Sir, mein Arm ist verbrannt.
– Na ja, tu, was du kannst.

III)
– Sir, ihr diabolischer Wurmvirus hat unser Raketenlenksystem befallen. Er frisst die Software wie Schokolade.
– Lass dich nicht so hängen, du Schwachkopf! Setz die Firewalls in Kraft, oder was du sonst in solchen Fällen benutzt.
– Sir, ich bin Screen Monitor, kein Experte für Viren …
– Scheiß drauf, was glauben die denn, was wir hier machen, wir sind doch kein Frisörsalon! Wenn du das nicht kannst, wo bleibt dann der picklige Nerd, der das kann?
– Sir, der hat den Virus da reingesetzt. Er war kein Mannschaftsspieler, Sir. Die Raketen sind schon abgeschossen, und sie kommen genau auf uns zu.
– Es geht nicht anders, ich muss es selbst machen. Gib mir den Vorschlaghammer da.
– Sir, wir haben noch sechzig Sekunden.
– Na ja, tu, was du kannst.

IV)
– Sir, das Makorin hat eine Fehlfunktion, und es hat das Pelewin ausgelöst. Das hat das glopsoide Plapudel gesadammt. Es könnte das Werk von feindlichen Nanobakonen sein.
– Heb deinen Hintern, du Klondron! Doppel das Magmatron, stell den Fragebender neu ein und drück Höchgeschwindigkeitskrockblader mit dem Pessimal-Punkt-Attachment rein! Das wird's den ekligen kleinen Biobots besorgen!
– Sir, am Magmatron bin ich nicht ausgebildet worden.

– Welcher Pixelpedant hat dich denn hier eingesetzt? Es geht nicht anders, ich muss es selbst machen. Gib mir das Stillschluck-Streifenpflaster!
– Sir, ich bin gehirnnappt worden. Mein Gehirn ist in einem Topf in Usbekistan, bewacht von einer Phalanx virtueller Gonkkrieger. Ich kommuniziere über ein Simulationshologramm mit Ihnen.
– Na ja, tu, was du kannst.

V)
– Sir, die Wildhunde haben sich zu unserem Vorratsspeicher durchgegraben, und sie fressen die Winterrationen auf.
– Hock da nicht rum, du Pfeife! Nimm dein Steinbeil und schlag ihnen den Schädel ein!
– Sir, das sind keine gewöhnlichen Wildhunde. Das sind rotäugige Dämonengeisterhunde, die von unseren zornigen Vorfahren geschickt worden sind. Außerdem liegt ein Fluch auf meinem Steinbeil.
– Bei den Knochen meiner Mutter, womit habe ich einen so nutzlosen Hosenscheißer von Sohn eines Neffen meines Bruders wie dich verdient? Es geht nicht anders, ich muss es selbst machen. Sag den Jagdzauber für rotäugige Dämonengeisterhunde auf und gib mir meinen geweihten mit heiligem Feuer gehärteten Speer.
– Sir, sie haben mir die Kehle rausgerissen.
– Na ja, tu, was du kannst.

Postkolonial

Wir alle haben das: das Gebäude mit der Kuppel, spätviktorianisch, solides Mauerwerk, steinerne Löwen davor, die Backsteinhäuser, dreistöckig, mit oder ohne Laubsägearbeit, Holz oder gestrichenes Eisen. An allen hängt jetzt ein geschmackvolles Emaille- oder Bronzeschild, auf dem das Wort *Historisch* prangt. Die Gebäude können an den meisten Wochentagen außer montags besucht werden; es gibt auch Rosen in den Gärten, eine Sorte mit großen Blüten, die es vorher hier nicht gegeben hat. Vorher? Vor was? Bevor die Schiffe kamen, wir alle hatten Schiffe, die hier ankerten. Bevor die Männer mit den Biberkappen, den Seemannshüten, den Zylindern, irgendwelchen Hüten die Schiffe verließen; bevor die Eingeborenen Ureinwohner mit Pfeilen auf die Männer mit den Hüten schossen oder sich mit ihnen anfreundeten und sie vor dem Verhungern retteten. Wir alle hatten mal Eingeborene Ureinwohner. Pfeile oder nicht, es hielt die Männer mit den Hüten nicht auf, jedenfalls nicht lange, und sie hatten auch Flaggen, wir alle hatten Flaggen, Flaggen, die nicht so aussahen wie die Flaggen, die wir jetzt haben. Die Eingeborenen Ureinwohner hatten keine Hüte oder Flaggen, zumindest nicht in unserem Sinne, und deshalb musste etwas geschehen. Es gibt Bilder von dem, was geschah, die »Vorher«- und »Nachher«-Bilder, wie man sagen könnte, von den Malern gemalt, die genau im richtigen Moment auftauchten, wir alle hatten unsere Maler. Sie malten die Eingeborenen Ureinwohner in ihren farbigen, hutlosen Trachten, sie malten die Männer mit Hüten, sobald sie Frauen und Kinder hatten, sobald sie dreistöckige Häuser hatten, in denen sie sie unterbringen konnten. Sie malten die glücklichen neuen Tiere und Vögel, die damals in großer Fülle da waren, sie malten die Landschaften vorher und nachher und manchmal auch, während Axt und Feuer geschäftig am Werke waren, man kann einige dieser Gemälde in den Historischen Häusern sehen und einige in den Museen.

Wir gehen in die Museen, um uns den Musen hinzugeben. Wir sinnen dort über alte Zeiten nach, wir sinnen über das nach, was damals getan wurde, wir sinnen über die Eingeborenen Ureinwohner nach, denen es trotz der Pfeile oder trotz ihrer Hilfsbereitschaft schlecht erging unter unseren Händen. Sie wurden von Krankheiten dahingerafft: Das malte niemand. Sie wurden auch gehetzt, erschossen, mit Keulen erschlagen, beraubt und so weiter. Wir sinnen über diese Dinge nach und fühlen uns nicht gut. *Wir haben ihnen das angetan*, denken wir. Wir sagen das Wort *ihnen* und glauben, wir wissen, wen wir damit meinen; wir sagen das Wort *wir*, obwohl wir zu der Zeit noch gar nicht geboren waren, obwohl unsere Eltern noch nicht geboren waren, obwohl die Vorfahren unserer Vorfahren von ganz woandersher ins Land gekommen sein mögen, aus irgendeinem Land mit zweifelhaften Hüten und einer Flagge, die ganz anders aussah als die, die über den Köpfen derer wehte, die hier landeten, vom Wind getrieben, von dem bösen Wind getrieben (sinnen wir), der uns auch eine Menge Gutes zugeblasen hat. Wir essen gut, das Licht

geht meistens an, die Dächer lecken zum größten Teil nicht, die Räder drehen sich.
Was *sie* betrifft, so haben unsere Hauptstädte Namen, die auf ihre Namen zurückgehen, das gilt auch für unsere Biermarken und einige, wenn auch nicht alle Waren, die wir den Touristen andrehen. Mit dem Begriff *authentisch* gehen wir sehr frei um. Wir lieben unter anderem die Bindestriche: unser Wort gekoppelt mit dem ihren. Manchmal tauchen sie in den Museen auf, ohne Hüte, in den alten farbigen Trachten und singen authentische Lieder und tun so, als wären sie sie selbst. Damit verdienen sie Geld. Aber in bestimmten Momenten, dann und wann, in der Abenddämmerung vielleicht, wenn die Nachtfalter und die nachts blühenden Pflanzen herauskommen, riechen unsere Hände nach Blut. Es ist nur ein Anflug. *Das haben wir ihnen angetan*.
Aber wer sind *wir* jetzt, mal abgesehen von der Frage: *Wer sind wir jetzt?* Diese Frage betrifft uns alle. Wer sind wir, jetzt, im Innern des *Wir*-Korrals, der *Wir*-Palisaden, des *Wir*-Forts, und wer sind sie? Sind sie das, die da nachts mit ihren illegalen Booten landen? Sind *sie* das, die sich hier mit seltsamen Hüten hereinschleichen, mit Flaggen, die wir uns nicht einmal vorstellen können? Sollen wir uns mit ihnen anfreunden oder mit Pfeilen auf sie schießen? Was haben sie für Pläne, kurzfristig oder langfristig, und werden diese Pläne uns gerecht? Das ist eine ständige Sorge, dieses *wir*, dieses *sie*.

Und da habt ihr's, in einem Wort oder vielleicht in zweien: post-kolonial.

Das Haus des Historischen Erbes

Das Haus des Historischen Erbes ist das Haus, in dem wir das Erbe aufbewahren. Dafür ist es nicht gebaut worden – es war einmal ein ganz gewöhnliches Wohnhaus, aber die alltäglichen Verrichtungen waren mühselig. Das Wasser musste aus einem Brunnen geschöpft werden, und das Licht kam von Petroleumlampen und Wachskerzen und die Wärme aus einem offenen Steinkamin, und dann gab es da noch die Nachttöpfe, die geleert werden, und die Blechbadewannen, die gefüllt werden mussten. Es war auch nicht einfach, die Räume sauber zu halten. Also bauten die Leute neuere Häuser, mit Wasserleitungen und so weiter, aber das Haus des Historischen Erbes wurde nicht abgerissen, und als wir beschlossen, uns etwas Erbe zu leisten, kamen wir überein, dass das Haus des Historischen Erbes ein guter Ort war, um das Zeug dort zu lagern.

Wir haben es natürlich ein bisschen aufgefrischt: Es wurde neu gestrichen, das Messing wurde geputzt, die Böden gewachst. Frauen wurden angeheuert, um die Besucher herumzuführen; Frauen können so etwas, sie lächeln und erklären gerne, sie nicken viel. Unter uns herrscht die Meinung vor, dass bei Männern, die in diesen Dingen übertreiben, die Gesichtshaut platzt und abpellt, und dann bleiben darunter nur Knorpel.

Die Menschen, die das Haus des Historischen Erbes besuchten, waren auch meistens Frauen. Sie wollten die Erklärungen haben, die man dort finden konnte – warum in dieser historischen Zeit einige Stühle höher waren als andere, wer die Blechbadewannen scheuerte und die Nachttöpfe ausleerte und wie man das Wasser aus dem Brunnen schöpfte. Sie wollten wissen, wie die Dinge so wurden, wie sie heute sind, und sie hofften, dass die Erklärungen der lächelnden Frauen im Haus des Historischen Erbes dabei hilfreich sein würden.

Männer interessierten sich für diese Fragen weniger, und deshalb gingen sie nicht hin. Auch meinten sie, dass ein historisches Erbe lieber etwas sein sollte, das man wirklich erben konnte, das vom Vater auf den Sohn übertragen wurde, aber da das niemand mehr machte oder auch nur daran dachte, es sei denn, er befand sich gerade im Haus des Historischen Erbes und wurde angelächelt und angenickt und mit Erklärungen zu Tode gelangweilt, war das Haus des Historischen Erbes nichts als eine Irreführung, und sie sahen nicht ein, dass sie Steuern zahlen sollten, um den Laden am Laufen zu halten.

Im Laufe der Zeit füllte sich das Haus des Historischen Erbes. Es war ein so bequemer Ort, um Dinge abzuladen, die man nicht mehr gebrauchen konnte, aber auch nicht wegwerfen wollte. Mehr und mehr Erbe wurde da hineingestopft. Ein Anbau im Stil des ursprünglichen Gebäudes wurde hinzugefügt, mit einem Café, in dem man sich ausruhen und entspannen konnte – das Erbe konnte anstrengend sein –, und es wurden noch mehr Führerinnen angestellt. Nach einigen Nachforschungen fertigte man für sie authentische Kostüme an. Aber dann wurde eine neue Regierung gewählt, und die kürzte die Zuschüsse. Es hieß, dass man sich vielleicht von einem Teil des Erbes trennen sollte. Aber inzwischen war da so viel an Erbe zusammengekommen, dass allein das Aussortieren viel mehr Geld gekostet hätte, als irgendjemand ausgeben wollte. Also unternahm man gar nichts.

Vor ein paar Wochen bin ich selbst zum Haus des Historischen Erbes gegangen. Es sah sehr vernachlässigt aus. Die Fenster waren staubverkrustet, die Vordertreppe wirkte völlig heruntergekommen: Man sah deutlich, dass seit Jahren niemand mehr sauber gemacht oder die nötigen Reparaturen vorgenommen hatte. Ich musste die verrostete Glocke lange läuten, bis endlich jemand kam und die Tür aufmachte. Da konnte ich in einen langen Korridor hineinsehen, der bis zur Decke mit Kartons und Kästen vollgestapelt war. Jeder Kasten trug eine Aufschrift:

> KORSETTE. MIXER. DAUMENSCHRAUBEN. RECHENMASCHINEN. LEDERMASKEN. TEPPICHKEHRER. KEUSCHHEITSGÜRTEL. SCHUHBÜRSTEN. HANDFESSELN. ORANGENLUTSCHER. VERSCHIEDENES.

Hinter der Tür tauchte eine alte Frau auf. Sie trug einen Chenille-Bademantel. Sie ließ mich ein, nachdem sie einen Stapel vergilbter Zeitungen zur Seite geschoben hatte. Drinnen stank es nach Mäusekot und Schimmel.

Sie nickte mir zu, sie lächelte. Das hatte sie nicht verlernt. Dann ließ sie einen Haufen Erklärungen vom Stapel; aber ihre Sprache war veraltet, und ich konnte kein Wort verstehen.

Bringt Mom zurück: eine Beschwörung

Bringt Mom zurück,
die Mom, die Brot backt und eine Schürze trägt
wie die, die wir in der Schule
für sie genäht haben,
um sie am Muttertag
damit zu überraschen –

Mom, die nicht arbeiten ging,
denn warum sollte sie?
Die unser Schulbrot machte:
die Stulle, der Apfel,
die in Papier eingewickelten Kekse,
gehalten von einem Gummiband
aus ihrem gut gefüllten Schraubglas;
die immer zu Hause war, wenn wir kamen,
beim Bügeln oder etwas ähnlich Drögem,

die das hilflose Lächeln der Leibeigenen lächelte,
wenn wir an ihr vorüberglitten
auf dem Weg zum Telefon
mürrisch und verächtlich,
entschlossen, nicht zu werden wie sie.

Bringt Mom zurück,
die Konzertpianistin werden wollte,
aber nie eine Chance hatte,
und uns zu Klavierstunden schickte,
die wir nicht wollten –

Mom, deren Sülze
und Wackelpeter wir gierig aßen,
auch wenn wir später darüber lachten –
Schmorbraten-Mom, Zwiebelexpertin,
die dem Knoblauch nicht traute,
die jede Weihnacht von uns
eine nietnagelneue Bratpfanne bekam,
genau das, was sie sich immer gewünscht hatte –

Mom, deren dunkler Lippenstiftmund
in den schwarz-weißen Seifenreklamen
lächelte, den Aspirin-, den Toilettenpapierreklamen,
Mom, mit ihrem geheimen Leben,
Kopfschmerzen und fleckige Wäsche
und gereizte Schleimhäute –
Mom, die den Schmutz kannte
und den Schmutz verbarg und die schmutzige Arbeit machte
und sich selbst und uns nie
sauber genug fand –

und die glaubte,
dass es noch anderen Schmutz gab,
vor dem man die Kinder hüten sollte,

und sie hütete uns davor,
was erst später gefährlich wurde.

Du fehlst uns, Mom,
auch wenn du, weil's Auflage brachte,
in Zeitschriften und Büchern
angeklagt wurdest, deine Kinder –
da sind wohl wir gemeint – verdorben zu haben,
weil du sie nicht genug liebtest,
weil du sie zu sehr liebtest,
weil du von ihnen zu viel Liebe wolltest,
weil immer irgendetwas mit der Liebe war –

(Mom, deren Ehemann sie verließ,
um seine Sekretärin zu heiraten,
und Unterhalt zahlte,
Mom, die an den Nachmittagen einsam
trank und fernsah, die ihr Haar
in einem aberwitzigen Rotton färbte,
die mit den Männern ihrer Freundinnen flirtete,
die mit aller Kraft versuchte,
nicht unter die Linie der zusammen-
gebissenen Zähne zu sinken –

und die abgeholt und eingesperrt wurde,
weil sie eines Tages zu schreien begann
und nicht aufhörte, und mit der Küchenschere
etwas sehr Böses anrichtete –

Aber das warst du nicht, nicht du,
nicht die Mom, die wir meinten,
das war die Verrückte an der Ecke,
irgendeine Dame,
die zeugenlosen Unfällen zum Opfer fiel
und später Schlagzeilen machte …)

Komm zurück, Mom, komm zurück,
aus Wahn oder Tod
oder unserer versehrten Erinnerung –
sei wieder, wie du warst:

Königin des Waffeleisens,
Edle Spenderin der Zahnpasta,
Zauberin des Jods,
Bridgespielerin mit rauchendem Kopf, wobei
du als zweiten Preis ein Geschirrtuch gewannst,
Brüterin über dem Stopfei,
aus dem bloß Socken schlüpften,
Köchin schleimiger Breie –
steig wieder in die Kuchenteigtüte,
sieh frisch und tüchtig aus, wie damals –

Wenn wir dich doch rufen könnten –
Hier Mom, hier Mom –
und du kämst, klip, klap,
auf deinen Alltagsstöckeln,
nach Abfluss und Veilchen riechend
(die Hüften ins Korsett gezwängt,

das du abends abpelltest mit einem Seufzer,
als atmete ein Sumpf aus),
Was ist denn?, würdest du sagen,
und wir könnten dich mit einem Netz
einfangen und dich in dem Bungalow
einsperren, in den du gehörst,
und dich dabehalten –

Dann wäre alles wieder gut,
so wie es war, als wir an Frühlingsabenden
spielen durften, bis es dunkel wurde,
und dann ohne Angst einschliefen,
weil du dich vor die Angst warfst
und sie mit deinem Körper abhielst –

Und da bist du wieder, in deinem Bademantel,
eine Holzklammer zwischen den Zähnen,
während die Wäsche an der Leine flattert,
mit der du dich, es war nur ein flüchtiger Gedanke,
einmal aufhängen wolltest –

aber vergiss das! Da bist du ja,
singst ein Lied aus deiner Jugend,
als wär die Zeit nicht vergangen,
als könnten wir wieder sorglos sein,
und von dir peinlich berührt,
und dich wie damals ignorieren,

und die Löcher in der Welt wären gestopft.

III

Horatios Version

Verbanne noch dich von der Seligkeit und atm' in dieser herben Welt mit Müh, um mein Geschick zu melden …

Das waren Hamlets letzte Worte an mich. Na ja, fast die letzten. Ich wusste damals noch nicht, dass dies keine Bitte war, sondern ein Befehl – eigentlich sogar ein teuflisch schlauer Fluch. Ich würde dazu verurteilt sein, so lange am Leben zu bleiben, bis ich die Geschichte *tatsächlich* erzählte. Und deshalb lest ihr meine Worte in dieser Zeitung, heute.

Ja, hier spricht Horatio: der Freund, der Vertraute, der ihm sein Ohr lieh, der ewige Zaungast bei Festlichkeiten und Niederlagen der Großen und Blutdürstigen. Ich muss sagen, dass ich als zweite Geige bei der Affäre von Helsingör mein Bestes gegeben habe. Ich lauschte Hamlets Ergüssen, die mitunter an Wahnsinn grenzten; ich schenkte ihm Mitgefühl; ich gab ihm – hoffentlich – weise Ratschläge. Und dann wurde mir auch noch auferlegt, die nicht unbeträchtliche Schweinerei aufzuwischen.

Oder vielmehr nicht aufzuwischen, sondern zu einem Ende zu bringen. Ich sollte die Geschehnisse wahrheitsgemäß niederschreiben, genau wie sie passiert waren, dabei aber Hamlet doch in einem mehr oder weniger vorteilhaften Licht erscheinen lassen, das Licht, das jeden Helden umgibt. Ich hoffte, ein wenig Poesie aus diesen Geschehnissen herauszufiltern, auch wenn es sich dabei nur um dunkle Poesie handeln konnte. Vielleicht würde ich ein paar philosophische Gedanken über die Conditio humana hinzufügen können. Auch hoffte ich, dass mir eine plausible Auflösung der Geschichte einfallen würde.

Aber *worin* bestand die Geschichte? Es war eine Racheerzählung, so viel war klar. Ein Unrecht war geschehen, oder so schien es zunächst. Soweit ich mich erinnere, sagte Hamlet: »Schmach und Gram, dass ich zur Welt, sie einzurichten kam«, oder so ähnlich. Aber durch sein moroses Zögern, verbunden mit plötzlichen, überstürzten Handlungen, brachte er es fertig, eine ganze Reihe mehr Leute zu töten, als angemessen war, selbst wenn man den recht lockeren Ehrenkodex dieser Zeit zugrunde legt.

Das passiert häufig, wie ich im Laufe meines jetzt ganz und gar zu langen Lebens beobachtet habe. Die Hatfields und die McCoys machen sich an ihre Fehde, immer ein Leben gegen das andere, und am Schluss steht da keiner mehr auf den Beinen. Länder sind ganz ähnlich gestrickt. »Zweimal Unrecht macht kein Recht«, habe ich oft gesagt, während ich mich bewusst in die Schusslinie dieser kleinen, mittleren und großen Heimzahlungen stellte, aber nur wenige haben mir zugehört. Auge um Auge, das ist ihre Überzeugung. Kopf um Kopf, Bombe um Bombe, Stadt um Stadt. Menschen – das habe ich beobachtet – sind in ihrem Wesen außerordentlich ergebnisorientiert, und da sie gerne gewinnen, werden sie immer versuchen, den anderen um eine Länge zu schlagen.

Entschuldigung. Nicht um eine Länge. Um einen Kopf.

Am Anfang lief es recht gut. Ich hatte ein frisches Stück Pergament gefunden, mahlte den Tintenstein. *Es war einmal ein wohlmeinender, aber etwas konfuser Prinz, der Hamlet hieß*, schrieb ich. Aber das klang nicht ganz richtig. So habe ich versucht, es als eine Art Theaterstück anzulegen. *Helsingör. Eine Terrasse vor dem Schloss*. Aber dann fiel mir nichts mehr ein.

Das Problem ist, ich begann über die Geschichte hinter der Geschichte nachzudenken, die nicht darin bestand, dass Claudius Hamlet den Älteren ermordet hatte, sondern darin, dass Hamlet der Ältere einen anderen König namens Fortinbras ermordet hatte. Na ja, genau genommen nicht ermordet: Er hatte ihn im Zweikampf erschlagen und dadurch einen Fetzen von Fortinbras' Land an sich gebracht. Aber das Resultat aller Machenschaften von Hamlet junior war, dass er selbst tot dalag und Fortinbras der Zweite alles kriegte – nicht nur die verlorenen Ländereien seines Vaters, sondern auch Hamlets ganzes Land.

Wenn es also eine Rachegeschichte war, so war es eine seltsame Rache. Die einzige Person, die etwas davon hatte, war jemand, der gar nicht direkt darin verwickelt war. Das passiert auch oft, habe ich festgestellt. Vielleicht war die Hamlet-Saga statt einer Rachetragödie eine Geschichte über unbewusste Schuld – Hamlet begreift, dass die Hamlet-Familie dem Fortinbras-Clan etwas Böses getan hat, und er tilgt die eigene Verwandtschaft von der Erde und versenkt sein Erbe in einem spektakulären Akt der Eigensabotage.

Während ich an meinem Federkiel kaute, vergingen Dutzende von Jahren. Dann entschloss sich so ein Emporkömmling von einem englischen Theaterschreiber, das ganze Gemetzel zu dramatisieren. Ich war verärgert – er hatte zu der Zeit noch nicht mal gelebt, und er brachte da eine Menge Stoff rein, von dem er gar nichts wissen konnte. Wenn er zu mir gekommen wäre, hätte ich ihm einiges klarmachen können; aber das tat er nicht, und er veröffentlichte zuerst. Er klaute mein Material und eignete sich meine Stimme an und beutete eine menschliche Tragödie aus, die ihn rein gar nichts anging.

Außerdem war sein Stück zu lang.

Meine Schreibhemmung wurde immer schlimmer. Hamlets bekannte Zögerlichkeit hatte sich auf mich übertragen. Ich fing an, schwierige Fragen zu stellen. *Warum ich? Warum sollte ich verpflichtet sein, Hamlets Geschichte zu erzählen? Warum nicht meine eigene?* Aber an meiner ist wirklich nicht viel dran. Doch was ist im Grunde genommen an Hamlets Geschichte schon so großartig? Zu dieser Zeit waren wir schon tief im siebzehnten Jahrhundert, und Oliver Cromwell wütete bereits im ganzen Land, Karl I. war um einen Kopf kürzer, und Tausende von Soldaten und Zivilisten waren grausame und grauenhafte Tode gestorben, man hatte ihnen die Eingeweide aus dem Leibe gedreht und die Köpfe auf Pfähle gespießt. Davon habe ich eine Menge aus der Nähe gesehen, so dass die paar zerstochenen und ertrunkenen und vergifteten Körper am dänischen Hof dagegen harmlos wirkten.

Aus irgendeinem Grunde wollte ich Hamlets Geschichte nicht mehr erzählen. Ich wollte etwas erzählen, was ein bisschen mehr – wie heißt das noch gleich? – über den Menschen aussagte, über das Unmenschliche? Etwas, das darüber hinausreichte. Aber Statistiken verblassen nach einiger Zeit. Wir sind nicht programmiert, mehr als ein paar hundert Leichen zu registrieren. Wenn sie sich häufen, werden sie einfach zu einem Teil der Landschaft.

Also kehrte ich zu den Geschichten von einzelnen Menschen zurück. Ich habe mir alles angesehen, das kann ich euch sagen. Die Französische Revolution, den Terror, den Sklavenhandel, die spanischen Eroberungen, Australien, Kuba, Nordamerika, Afrika, Mexiko, Russland, Vietnam, den Nahen Osten, Kambodscha – was und wo auch immer, ich war da. Mal als Waffenhändler, mal als Kurier, mal als neutraler Beobachter, mal als Mitarbeiter von Hilfsorganisationen; in letzter Zeit arbeite ich für Zeitungen. Ich habe mit den Opfern von Hungersnöten gesprochen, mit den Überlebenden von Massakern und Vergewaltigungen, auch mit den Tätern – mit allen möglichen Leuten, ob sie nun reine oder schmutzige Hände hatten.

Habt ihr schon gehört, dass man Unrecht sammeln kann? Das bin ich geworden – ein Unrechtsammler. Das ist wie ein Briefmarkensammler, nur dass man mit dem Unrecht, wenn man es erst einmal gesammelt hat, nichts anfangen kann. Man kann es nur weitergeben, so gut es geht; obwohl immer die Möglichkeit besteht, dass solche Geschichten die Leute wütend machen und auf diese Weise neues Unrecht entsteht. Dennoch, nach vier Jahrhunderten bin ich, glaube ich, so weit, dass ich reden kann. Um zu sagen, wie die Dinge sind, jetzt, auf Erden. Endlich bin ich so weit.

So sollt ihr hören von Taten, fleischlich, blutig, unnatürlich, zufälligen Geschichten, blindem Mord; von Toden, durch Gewalt und List bewirkt, und Planen, die verfehlt zurückgefallen auf der Erfinder Haupt.

All das kann ich wahrhaft liefern.

König Baumstamm im Exil

Nachdem er von den Fröschen abgesetzt worden war, lag König Baumstamm untröstlich in den Farnen und dem alten Laub nicht weit vom Teich herum. Er hatte gerade noch genug Energie gehabt, sich bis dorthin zu rollen: So lange war er König des Teiches gewesen, dass er sich bis obenhin mit Wasser vollgesogen hatte. In der Ferne konnte er das jubelnde Quaken und fröhliche Trillern hören, das die Krönung seines gefeierten Ersatzes, des erfahrenen und effizienten König Storch anzeigte; und dann – es schien nur eine Minisekunde später – die Schreckensschreie und das panische Platschen, als König Storch sich daranmachte, seine neuen Untertanen aufzuspießen und herunterzuwürgen.

König Baumstamm – Exkönig Baumstamm – seufzte. Es war ein rülpsendes Seufzen, das Seufzen eines durchfeuchteten Holzbrockens, auf den man getreten war. Was hatte er denn falsch gemacht? Nichts. Er hatte seine Bürger nicht gemordet, wie es König Storch jetzt gerade tat. Es stimmte, er hatte auch nichts richtig gemacht. Er hatte – mit einem Wort – gar nichts gemacht.

Aber sicherlich war das doch eine wohlwollende Trägheit gewesen. Während er hierhin und dorthin trieb, getragen von den schwachen Strömungen des Teiches, hatten sich Kaulquappen unter ihm versteckt und an den Algen genuckelt, die an ihm wuchsen, und die erwachsenen Frösche hatten sich auf seinem Rücken gesonnt. Warum hatten sie ihn dann so schändlich abserviert? Mit einem *coup d'état*, der selbstverständlich von ausländischen Mächten gesteuert worden war; obwohl gewisse Interessengruppen unter den Fröschen – durch Agitation von außen aufgepeitscht – ihn schon seit einiger Zeit schlechtgemacht hatten. Sie hatten gesagt, dass ein starker Führer gebraucht werde. Na gut, jetzt hatten sie einen.

Natürlich hatte es diesen unbedeutenden Handelsvertrag gegeben. Er hatte ihn unterschreiben müssen, wenn ihm auch niemand die Pistole an den Kopf gesetzt hatte, oder an das, was als sein Kopf durchging. Und hatte der Vertrag dem Teich etwa nicht genützt? Er hatte eine deutliche Verbesserung des Exports bewirkt, wobei die wichtigste Exportware Froschschenkel gewesen waren. Aber er selbst war darin nie wirklich verwickelt gewesen. Er hatte das nur ermöglicht. Seinen Anteil an den Profiten hatte er, für den Fall der Fälle, auf einem Schweizer Bankkonto versteckt.

Jetzt gaben ihm die Frösche die Schuld an den Verwüstungen des Storchenkönigs. Wenn König Baumstamm selbst ein besserer König gewesen wäre, schrien sie – wenn er der Fäulnis früher Einhalt geboten hätte –, dann wäre nichts von alldem geschehen.

Er wusste, dass er nicht mehr lange in der Umgebung des Teiches bleiben konnte. Er durfte der *Anomie* nicht nachgeben. Schon wuchsen Boviste aus ihm, und unter seiner Barke waren Larven am Werk. Er rollte durch den Wald davon, die Schreie amphibischer Qual wurden hinter ihm leiser. Geschah ihnen recht, dachte er traurig und ein wenig bitter.

König Baumstamm hat sich in eine Villa in den Alpen zurückgezogen, wo er im Moment eine schöne Ernte von Champignons auf sich sprießen lässt und an seinen Memoiren arbeitet, immer nur ein Wort pro Sitzung. Baumstämme schreiben langsam, und Baumstammkönige noch langsamer als die meisten. Er hat einen Meditationsguru engagiert, der ihn dazu ermutigt, sich als großen Bleistift zu sehen, aber er kommt nur bis zum Radiergummi.

Er vermisst die alten Tage. Er vermisst das Plätschern des Wassers bei jeder Brise, das Rascheln des Schilfrohrs. Er vermisst den Chor der Lobgesänge, die ihm von den Fröschen im rosa Licht des Abends dargebracht wurden. Jetzt singt niemand für ihn.

Inzwischen hat der Storchenkönig alle Frösche aufgefressen und die Kaulquappen als Sexsklaven verkauft. Nun legt er den Teich trocken. Bald wird sich das Land in begehrten Baugrund für Wohnsiedlungen verwandeln.

Schneller

Gehen war nicht schnell genug, also liefen wir. Laufen war nicht schnell genug, also galoppierten wir. Galopp war nicht schnell genug, also segelten wir. Segeln war nicht schnell genug, also rollten wir fröhlich auf langen eisernen Schienen. Lange eiserne Schienen waren nicht schnell genug, also fuhren wir mit dem Auto. Fahren war nicht schnell genug, also flogen wir.

Fliegen ist nicht schnell genug, nicht schnell genug für uns. Wir wollen schneller ankommen. Wo ankommen? Wo immer wir nicht sind. Aber eine menschliche Seele kann nur so schnell sein, wie ein Mensch gehen kann, hat man früher gesagt. Wenn das wahr ist, wo sind all die Seelen? Zurückgeblieben. Sie wandern hier und da herum, langsam, trübe Lichter, die nachts in den Sümpfen flackern, sie suchen nach uns. Aber sie sind nicht annähernd schnell genug, nicht für uns, wir sind ihnen weit voraus, sie werden uns nie einholen. Deshalb sind wir so schnell: Unsere Seelen belasten uns nicht.

Vögel essen

Wir haben die Vögel gegessen. Wir haben sie gegessen. Wir wollten, dass ihr Gesang durch unsere Kehle emporsprudelte und aus unserem Mund herausbrach, also haben wir sie gegessen. Wir wollten, dass ihre Federn aus unserem Fleisch sprossen. Wir wollten ihre Flügel, wir wollten fliegen wie sie, frei zwischen den Baumwipfeln und den Wolken herumschweben, und deshalb haben wir sie gegessen. Wir haben sie aufgespießt, wir haben sie erschlagen, wir haben ihre Füße mit Klebstoff bestrichen, wir haben sie mit Netzen gefangen, wir haben sie am Spieß gebraten, wir haben sie auf glühende Kohlen geworfen, und das alles aus Liebe, weil wir sie liebten. Wir wollten eins mit ihnen sein. Wir wollten auch aus sauberen, glatten schönen Eiern schlüpfen wie sie, damals, als wir jung und beweglich waren und noch nichts von Ursache und Wirkung wussten, wir wollten den blutigen Schmutz des Geborenwerdens nicht, also stopften wir uns Vögel in die Kehlen, mit Federn und allem, aber es nützte nichts, wir konnten nicht singen, nicht mühelos wie sie, wir können nicht fliegen, nicht ohne Rauch und Metall, und was die Eier angeht, so haben wir keine Chance. Wir stecken tief im Sumpf der Schwerkraft, wir sind an die Erde gebunden. Wir stehen knöcheltief im Blut, und das alles, weil wir die Vögel gegessen haben, wir haben sie vor langer Zeit gegessen, als wir noch die Macht hatten, Nein zu sagen.

Es ist etwas geschehen

Es ist etwas geschehen. Aber wie? Ist es über Nacht gekommen, oder ist es langsam auf uns zugekrochen, und wir haben es nur gerade erst bemerkt? Es sind die Mädchen, die jungen und hübschen Mädchen. Sie haben früher wie Sirenen gesungen, wie Meerjungfrauen, ganz süß und fließend, Melodien, wie vom Wind gehaucht, Melodien wie Wellen, aber jetzt ist ihnen jede Melodie abhandengekommen, obwohl sich ihre Münder öffnen und schließen wie zuvor. Hat man ihnen die Zungen herausgeschnitten?

Das Gleiche gilt für das Weinen der Babys, das Klagegeheul bei Beerdigungen, die Schreie, die besonders nachts von den Wahnsinnigen aufstiegen, den Gefolterten. Mit den Vögeln ist es dasselbe: Sie fliegen wie zuvor, sie breiten wie zuvor die Federn aus, sie werfen die Köpfe zurück, mit weit geöffneten Schnäbeln, aber sie sind stumm. Stumm oder stumm gemacht? Wer hat hier mit einem großen Teppich aus unsichtbarem Schnee gearbeitet, der jeden Laut erstickt?

Hör hin: Die Blätter rascheln nicht mehr, der Wind seufzt nicht mehr, unsere Herzen schlagen nicht mehr. Sie sind in die Stille gefallen. Gefallen, wie in die Erde. Oder sind wir es, die gefallen sind? Vielleicht ist es gar nicht die Welt, die lautlos geworden ist, sondern wir, die ertaubt sind. Welche Membran verschließt uns gegen die Musik, zu der wir früher tanzten? Warum können wir nicht hören?

Nachtigall

Menschen sterben, und dann kommen sie nachts zurück, wenn du schläfst. Wenn du so alt wirst wie ich, passiert das öfter. In dem Traum weißt du, dass sie tot sind; das Komische ist, sie wissen das auch. Die üblichen Schauplätze sind ein Schiff oder ein Wald, seltener eine Ferienhütte oder ein einsam gelegenes Farmhaus und noch seltener ein Zimmer. Wenn es ein Zimmer ist, so gibt es oft ein Fenster darin; wenn es ein Fenster gibt, dann sind da auch Gardinen – weiße – oder schwere Vorhänge, auch weiß. Niemals Jalousien: Die Art von Beleuchtung mögen sie nicht, wenn der Tag oder die Nacht in schrägen Streifen hereinfällt. Das bringt sie noch mehr zum Flackern als ohnehin schon.

Manchmal sind es Freunde, und sie wollen dich wissen lassen, dass es ihnen gut geht. Diese Sorte macht vielleicht auch die eine oder andere Bemerkung, nichts Welterschütterndes. Es ist wie beim Bildschirm, wenn man das Fernsehen abschaltet, sagte einer von ihnen – es ist einfach ein Kontaktverlust. Ein anderer – der Schauplatz war ein Waldweg im Herbst, orangefarbene und gelbe Blätter, dieser frische Geruch – sagte: Ist es nicht schön?

Einige sagen gar nichts. Sie lächeln vielleicht, vielleicht auch nicht; wenden sich meist ab, sobald sie wissen, dass du sie bemerkt hast. Sie wollen, dass du sie siehst: Darum geht es ihnen. Sie wollen, dass du weißt, sie sind noch da, und man kann sie nicht vergessen oder beiseiteschieben.

Prokne tauchte vor ein paar Nächten auf. Sie kam durchs Fenster, wie sie es immer tut. Sofort wünschte ich, ich hätte eine Schlaftablette genommen: Dann wäre sie nicht zu mir durchgekommen. Aber man kann nicht die ganze Zeit Pillen nehmen, und sie wartet es ab. Sie wartet, bis ich bewusstlos bin.

Du hättest nicht zulassen dürfen, dass er mich in dem Schuppen einschließt, sagte sie.

Der Ort war ein Zimmer; das fragliche Fenster hatte weiße Gardinen. Das haben wir schon oft genug besprochen, sagte ich. Du warst nicht eingeschlossen. Du hättest die Tür aufmachen können. Außerdem wusste ich nichts davon.

Du wusstest es, sagte sie. Du hast es unterdrückt, aber du musst es gewusst haben.

Ich wusste, dass du seine erste Frau warst, sagte ich. Das wusste jeder. Aber nach allem, was er sagte, warst du tot.

Sie wollten, dass du das denkst, sagte sie. Ich hätte genauso gut tot sein können, aber ich war's nicht. Unterdessen hast du dich bereit gemacht, meinen Platz einzunehmen.

Ich musste, sagte ich. Ich musste heiraten. Er hat mich vergewaltigt. Was hätte ich sonst tun sollen? Erzähl mir nicht, dass du eifersüchtig warst.

Eifersüchtig?, sagte sie. Sie stieß eine Art Krächzen aus.

Keinen Augenblick! Ich kannte seine dreckigen Absichten, er konnte mich nie in Ruhe lassen. Glaub mir, den Teil hab ich dir wirklich gegönnt. Ich wünschte nur, er hätte mir nicht die Zunge rausgeschnitten.

Das ist eine Lüge, sagte ich. Das hat er nie getan. Du hast einfach entschieden, nicht mehr zu reden. Das mit der Zunge geht auf die Fehldeutung eines Tempelfreskos zurück, heißt es heute. Diese Dinger waren gar keine Zungen, es waren Lorbeerblätter für die Priesterin, damit sie ins Halluzinieren kam und Prophezeiungen machen konnte, und –

Du und deine Archäologie, sagte Prokne. Er hat meine Zunge sehr wohl rausgeschnitten. Er wusste, dass ich sonst einiges erzählt hätte.

Vielleicht hatte er seine Gründe, sagte ich. Wenn er dir die Zunge überhaupt abgeschnitten hat. Tut mir leid. So hab ich's nicht gemeint. Ich entschuldige sein Verhalten in keiner Weise. Das war nicht richtig. Niemand von uns hat sich richtig verhalten, und ich bedaure das jetzt. Wir beide sind nie miteinander ausgekommen, als wir jung waren, aber du bist immer meine Schwester gewesen, und ich liebte dich. Deshalb hat er dich vor mir geheim gehalten.

Ich wusste, dass du es nicht entschuldigen würdest. Sein Verhalten, mein ich. Deshalb hab ich dir die Botschaft geschickt – um dich wissen zu lassen, dass ich doch nicht tot war. *Prokne ist unter den Sklavinnen,* stand da nur drin. Ich habe nicht geschrieben: *Befrei mich,* ich wollte dich nicht beeinflussen, weder in die eine Richtung noch in die andere. Ich wollte nicht, dass du meinetwegen irgendwelche Risiken auf dich nahmst.

Aber warum hast du mir dann die Botschaft geschickt?

Ich wollte, dass du die Fehler nicht machtest, die ich gemacht habe, das ist alles.

Welche Fehler?

Als Antwort hob sie die Hände. Sie waren nass, sie glänzten. Unser Sohn, sagte sie. Es ist einfach über mich gekommen.

Das Fenster war am unteren Rand offen, die Brise hob die Gardinen. Die Luft roch nach Apfelblüte. Ich wollte, du würdest mich in Ruhe lassen, sage ich. Es ist vorbei, es ist lange her. Du bist jetzt tot, und er ist tot, und es gibt nichts, was ich noch tun kann. Das ist jetzt nur noch eine Geschichte, und ich bin zu alt, um sie mir noch anzuhören.

Man ist nie zu alt, sagt Prokne. Ihre Stimme ist so traurig. Dann beginnt sie, sich in einen Vogel zu verwandeln, wie sie es immer macht, und wenn ich an mir heruntersehe, geschieht dasselbe mit mir. Dann erinnere ich mich daran, wie wir beide wegliefen, vor ihm wegliefen, und ich weiß in dem Traum, dass auch ich tot bin, weil er am Ende der Geschichte uns beide umbrachte.

Dann fliegt Prokne durch das Fenster hinaus, und ich tue es auch. Es ist Nacht, ein Wald, ein Mond. Wir landen auf einem Ast. In diesem Augenblick des Traums fange ich an zu singen. Ich singe ein langes, fließendes Lied, ein hohes Requiem, die Geschichte der Geschichte der Geschichte.

Oder ist das ihre Stimme? Schwer zu sagen.

Ein Mann, der unter unserem Baum steht, sagt: *Tieftraurig.*

Kriegsherren

Ein Kriegsherr zu sein – davon träumen Jungen überall. Ziel mit dem Finger, sag Peng, und Tausende sterben. Die meisten dieser Scharfschützen wachsen heran und werden Zahnärzte. Aber wenn man unter der Herrschaft eines Kriegsherrn geboren wird, hat man nur drei Möglichkeiten. Ein Krieger zu werden und im Dienste des Kriegsherrn zu sterben. Den Kriegsherrn abzusetzen und selber Kriegsherr zu werden. Jemand zu sein, der per definitionem kein Krieger sein kann – eine Frau, ein Priester, ein einbeiniger Schneider. Aber man ist in der territorialen Peripherie des Kriegsherrn eingeschlossen, was einem manchmal wie ein Schutzwall vorkommt und manchmal wie ein Kerker. Darin kann man verleben, was man – darin – für ein normales Leben hält, solange man die Fahne des Kriegsherrn schwenkt, dem Kriegsherrn Steuern zahlt, die Henker des Kriegsherrn besticht, sich den Verwandten des Kriegsherrn vor die Füße wirft und alle negativen Kommentare über den Kriegsherrn selbst vermeidet, denn er ist bekanntermaßen empfindlich.

Der Kriegsherr sitzt im Zentrum seiner eigenen Herrschaft, unbeweglich, aber machtvoll. Schmeichler füttern ihn mit Essen und guten Nachrichten; Geiertrainer trainieren seine Schoßgeier; Rubinzähler zählen seine Rubine; schöne Mädchen lecken ihm die Zehen. Ringe von Kriegern umgeben ihn. Der äußerste Ring ist der gefährlichste. Die Männer dort sind bis an die Zähne bewaffnet; sie sehen aus wie Taschenmesser mit vielen Klingen, die Art Messer mit Korkenzieher, Nagelfeile und Ahle, und sie sind es, die das erste Risiko auf sich nehmen und von den gewaltigen, hallenden Rädern der angreifenden Kriegsherren zermahlen werden. Der nächste Ring besteht aus schlüpfrigen Verteidigungsanlagen, labyrinthischen Korridoren, Gräben, die mit zugespitzten Pfählen gefüllt sind, Hinterhalten mit herabfallenden Felsbrocken und glühenden Kohlen, sehr tödlich, aber nach einer Weile nicht genug. Die Krieger, die diesen Ring beaufsichtigen, gehorchen einem einzigen Befehl: *Haltet das Tor!*

Weltweit sorgfältig ausgesuchte Krieger bilden den inneren Kreis. Sie sind Söldner, denn Freiwilligen ist nicht zu trauen. Sie sind die Leibwächter. Sie bewachen den Leib. Sie sollen ihn bis in den Tod verteidigen, sie sollen eigentlich nicht entkommen und von ihren Taten erzählen, aber einige tun es. Sie erzählen, wie trotz aller Anstrengungen oder zumindest einiger Anstrengung die Streitkräfte des Kriegsherrn schließlich überwältigt wurden. Wie seine Höhle, sein Baum, sein Turm, seine Stadt, seine Waffenfabriken, seine Gefängnisse, seine Billardzimmer in Flammen aufgingen. Wie die angreifende Armee all seinen Champagner austrank und in seinen Badewannen badete. Wie seine Konkubinen auf den Dächern in Serie vergewaltigt, seine Frauen zerhackt, seine Kinder geblendet wurden – alles unter dem entzückten Geheul der Massen, die jetzt behaupten, den Kriegsherrn nie gemocht zu haben. Wie er selbst geröstet, gepfählt, in die

Luft gesprengt, enthauptet, verkehrt herum aufgehängt, in den Bankrott getrieben wurde. Wie seine Statuen umgestürzt und als Altmetall oder auch als kitschige Souvenirs verkauft wurden.

Was hätte es für einen Sinn gehabt, danach noch weiterzumachen? Auch wenn man ein ausgesuchter weltweiter Krieger war. Das hatte keine Zukunft. Kein Prestige. Runter mit der Uniform, raus aus der Falle; lauf um dein Leben, durch den feuchten Wald, über die stachlige Wüste, die eisbedeckten Berge hinauf, blutige Fußabrücke hinterlassend. Wenn du neutrales Territorium erreicht hast, wenn du die Beute, die du aus der Villa des Kriegsherrn hast mitgehen lassen, versteckt hast – schließlich hatte er ja keine Verwendung mehr dafür, oder? – und wenn du schließlich einen Moment Muße hast, dich hinzusetzen und in einem Café ein kühles Getränk zu trinken, dann denkst du noch mal gründlich über deinen Beruf nach.

Aber dein Beruf ist weg. Du kriegst auch keinen anderen mehr. Wenn du einmal für einen Kriegsherrn gefochten hast, oder auch nur für ein Kriegsherrenkomitee, kannst du das nicht vergessen. Du kannst nichts anderes mehr lernen. Nichts kann das Adrenalin ersetzen, die höllischen, das Lebensgefühl aber steigernden Albträume. Nichts – geben wir's zu – macht auch nur annähernd so viel Spaß, wie Krieger eines Kriegsherrn zu sein. *Spaß* natürlich im weitesten Sinn, verstehen Sie?

Schauen Sie da rüber. Sehen Sie den drahtigen alten Mann, der da den Rasen harkt? Den anderen, der den Gehsteig fegt, den dritten, der den Müll wegschleppt? Kriegsherrn-Überlebende, alle. Sie sind von unsichtbaren Tätowierungen gezeichnet. Hinter ihren Augen schwelt die Glut. Sie warten. Wenn der Ruf kommt, sind sie bereit.

Das Zelt

Du bist in einem Zelt. Draußen ist es weit und kalt, sehr weit, sehr kalt. Es ist eine heulende Wildnis. Fels ist darin und Eis und Sand und tiefe Sumpflöcher, in denen man spurlos versinken könnte. Es gibt auch Ruinen, viele Ruinen, in ihnen und um sie herum liegen zerbrochene Musikinstrumente, alte Badewannen, die Knochen ausgestorbener Landsäugetiere, herrenlose Schuhe, Autoteile. Da sind Dornenbüsche, verkrüppelte Bäume, Sturmwinde. Aber du hast eine kleine Kerze in deinem Zelt. Du kannst dich warm halten.

Viele Dinge heulen da draußen in der heulenden Wildnis. Viele Menschen heulen. Einige heulen vor Kummer, weil ihre Lieben gestorben sind oder getötet wurden, andere heulen im Triumph, weil sie es geschafft haben, dass die Lieben ihrer Feinde gestorben sind oder getötet wurden. Einige heulen, um Hilfe herbeizurufen, einige heulen um Rache, andere heulen, um etwas zu essen zu kriegen. Der Lärm ist ohrenbetäubend.

Es macht einem auch Angst. Ein Teil des Heulens rückt immer näher an dich in deinem Zelt heran. Du hockst zusammengekrümmt da drin und hoffst, dass niemand dich sieht. Du hast Angst um dich selbst, aber besonders um die, die du liebst. Du möchtest sie schützen. Du möchtest sie alle in deinem Zelt haben, um sie zu beschützen.

Das Problem ist, dein Zelt ist aus Papier. Papier hält nichts ab. Du weißt, dass du auf den Wänden schreiben musst, auf den Papierwänden, auf der Innenseite deines Zelts. Du musst von oben nach unten und rückwärts schreiben, du musst jedes verfügbare Stück Papier mit Geschriebenem bedecken. Einiges von dem Geschriebenen muss das Geheule beschreiben, das da draußen vor sich geht, Nacht und Tag, zwischen den Sanddünen und den Eisschollen und den Ruinen und Knochen und so weiter; es muss die Wahrheit über das Geheule aussagen, aber das ist schwer, weil du nicht durch die Papierwände hindurchsehen und deshalb die Wahrheit nicht ganz genau treffen kannst, und du willst da nicht rausgehen, in die Wildnis, um es dir genau anzugucken. Einiges von dem Geschriebenen muss von deinen Lieben handeln und von der Notwendigkeit, sie zu beschützen, die du in dir spürst, und das ist auch schwer, weil nicht alle von ihnen das Geheul so hören können wie du, einige von ihnen meinen, das da draußen in der Wildnis klinge wie ein Picknick, wie eine Big Band, wie eine heiße Strandparty, sie finden es gar nicht gut, auf so engem Raum mit dir und deiner kleinen Kerze und deiner Angst und deiner ärgerlichen Besessenheit von der Kalligraphie – einer Besessenheit, die ihnen nicht einleuchtet – zusammengepfercht zu sein, und sie versuchen immer wieder, unter den Wänden des Zeltes hindurch hinauszukrabbeln.

Das hält dich nicht vom Schreiben ab. Du schreibst, als hinge dein Leben davon ab, dein Leben und das ihre. In Steno schreibst du ihr Wesen, ihre Züge, ihre Gewohnheiten, ihre Geschichte an die Wände; du änderst natürlich die Namen, weil du keine Spuren legen willst, du willst nicht die falsche Art von Aufmerksamkeit wecken an deinen Lieben, von denen einige – das entdeckst du jetzt – gar keine Menschen sind, sondern Städte und Landschaften, Orte und Seen und Kleidung, die du einmal getragen hast, und Cafés in der Nachbarschaft und vor langer Zeit verlorene Hunde. Du willst die Heulenden nicht anziehen, aber sie werden sowieso von dir angezogen wie von einer Witterung: Die Wände des Zeltes sind so dünn, dass sie das Licht deiner Kerze sehen können, sie können deinen Umriss erkennen, und natürlich sind sie neugierig, weil du Beute sein könntest, du könntest etwas sein, was sie töten und mit Triumphgeheul umtanzen und dann essen würden, auf die eine oder andere Weise. Du bist zu auffällig, du hast dich auffällig gemacht, du hast dich verraten. Sie kommen näher, sie sammeln sich; sie halten im Heulen inne, um zu spähen, um herumzuschnüffeln.

Warum glaubst du, dass dein Schreiben, diese Graphomanie in einer dürftigen Höhle, dieses Hin- und Her- und Rauf- und Runtergekritzel auf den Wänden dessen, was dir nun wie ein Gefängnis vorzukommen beginnt, in der Lage sein sollte, überhaupt irgendjemanden zu beschützen? Dich eingeschlossen. Es ist eine Illusion, dieser Glaube, dass dein Buchstabensalat eine Art Panzer ist, so etwas wie ein Zauber, denn niemand weiß besser als du, wie zerbrechlich dein Zelt in Wirklichkeit ist. Schon hört man das Stampfen von lederumhüllten Füßen, da ist ein Kratzen, ein Tasten, das Geräusch keuchenden Atems. Wind kommt herein, deine Kerze fällt um und flammt auf, und eine lose Ecke des Zeltes fängt Feuer, und durch den sich weitenden, schwarz geränderten Riss kannst du die Augen der Heulenden sehen, rot und im Licht deiner brennenden Papierzuflucht glänzend, aber du schreibst trotzdem weiter, denn was sonst kannst du schon tun?

Die Zeit faltet

Die Zeit faltet, sagte er und meinte damit, dass sich die Zeit, während sie weiter und weiter läuft, bei extremer Hitze, bei extremer Kälte aufwirft und dass das, was längst vergangen ist, näher rückt. Man kann das demonstrieren, indem man einen langen Stoffstreifen fältelt und eine Nadel hindurchsteckt: Punkt zwei, sonst Meter von Punkt eins entfernt, ist ihm nun direkt benachbart. Ist Zeit/Raum wie ein Akkordeon, nur ohne Musik? Hat er eine Aussage über angewandte Physik gemacht?

Oder hat er gesagt: Die Zeit faltet nun endlich ihre Flügel zusammen? Die Zeit faltet ihre Zelte zusammen und stiehlt sich stumm davon. Die Zeit faltet dich in ihre Falten ein, als wärst du ein Lamm und der Zeitmangel ein Wolf. Die Zeit faltet dich in die Decke ihrer selbst ein, sie faltet dich zärtlich und deckt dich zu, denn wo wärst du ohne sie? Die Zeit faltet dich in ihre Arme und gibt dir einen letzten Kuss, und dann streicht sie dich glatt und faltet dich zusammen, bis es an der Zeit für dich ist, eines anderen vergangene Zeit zu sein, und dann faltet die Zeit wieder.

Baumbaby

Du erinnerst dich daran. Nein, du hast es geträumt. In dem Traum ging es ums Ersticken und ums Herabsinken und um die Leere. Du erwachtest aus deinem Albtraum, und es war schon geschehen. Alles war weg. Alles und jeder – Väter, Mütter, Brüder, Schwestern, die Kusinen, die Tische und Stühle und das Spielzeug und die Betten –, alles weggefegt. Nichts ist davon übrig. Nichts bleibt außer dem ausradierten Strand und dem Schweigen.

Ein paar Trümmer sind noch da. Die hast du in deinem Traum nicht gesehen. Ein Wirrwarr zerschlagener Jahre, ein Haufen zerbrochener Geschichten. Sie sehen aus wie Holz und Zementbrocken und verbogenes Metall. Und Sand, eine Menge Sand. Warum sagt man eigentlich *der Sand der Zeit?* Gestern wusstest du das noch nicht, aber jetzt weißt du es. Du weißt zuviel, um etwas zu sagen. Was kann man schon sagen? Die Sprache wird in deiner Kehle zu Schutt.

Aber sieh mal – da ist ein Baby, in einem Baumwipfel gestrandet, genau wie in jenen anderen Träumen, in denen du dich von der Erde erhebst und fliegst und dem Brüllen und Krachen dicht hinter dir entkommst. Ein Baby, lebendig, in einer grünen Wiege aufgefangen; und es ist trotz allem gerettet worden. Aber sein Name ist verloren gegangen, zusammen mit seiner winzigen Vergangenheit.

Welchen neuen Namen werden sie ihm geben, diesem Kind? Das aus deinem Albtraum entkam und so leicht zu einem Baum trieb und das nun mit dem gewöhnlichen Staunen eines Babys um sich blickt? Jetzt läuft die Zeit noch einmal an, jetzt gibt es etwas, was man sagen kann: Diesem Kind muss ein Wort gegeben werden. Ein Losungswort, ein Talisman der Luft, um ihm durch die vielen schweren Tore und schattigen Haustüren, die vor ihm liegen, zu helfen. Es muss benannt werden, noch einmal.

Werden sie es Katastrophe nennen, werden sie es Treibgut nennen, werden sie es Kummer nennen? Werden sie es Familienlos nennen, werden sie es Leidtragend nennen, werden sie es Kind-des-Baumes nennen? Oder werden sie es Staunen nennen, oder Trotzallem oder Kleine Gnade?

Oder werden sie es Anfang nennen?

Aber es könnte immer noch

Es sieht schlecht aus: Ich geb's zu. Es sieht schlechter aus als seit Jahren, seit Jahrhunderten. Es hat noch nie so schlecht ausgesehen. Gefahren drohen von allen Seiten. Aber es könnte immer noch gut gehen. Das Kind fiel vom Balkon des achten Stockwerks, aber da unten war ein Schäferhund, der hochsprang und es in der Luft auffing. Ein unbeteiligter Zuschauer machte ein Foto, es war in der Zeitung. Der Junge ging zum dritten Mal unter, aber die Mutter – obwohl sie gerade einen Roman las – hörte ein gurgelndes Geräusch und lief zur Anlegebrücke hinunter und griff ins Wasser und zog den Jungen an den Haaren heraus, und sein Gehirn war unbeschädigt. Als sich die Explosion ereignete, befand sich der junge Mann unter dem Ausgussbecken, er reparierte die Leitung, und deshalb blieb er unverletzt. Das Mädchen überlebte die Lawine, indem es mit den Armen Schwimmbewegungen machte. Der Vater eines zweijährigen Zwillingspaars, dessen Organe alle von Krebs befallen waren, sah sich eine Menge Filmkomödien an und machte buddhistische Meditation und besiegte den Krebs und blieb bis heute gesund. Die Airbags funktionierten tatsächlich. Der Scheck platzte nicht. Die Firma für verschreibungspflichtige Medikamente log nicht. Der Hai stieß nur mit der Nase an das nackte, blutende Bein des Seemanns und wandte sich ab. Der Vergewaltiger wurde mitten in der Vergewaltigung abgelenkt, und sein Messer und sein Penis zogen sich beide in ihn zurück wie die weichen und empfindlichen Hörner einer Schnecke, und er ging stattdessen einen Kaffee trinken. Das Exemplar von Darwins *Ursprung der Arten*, das der Soldat am Herzen trug, stoppte die Maschinengewehrkugel. Als er sagte: *Mein Liebling, du bist die einzige Frau, die ich für immer anbeten werde*, meinte er das wirklich. Was sie anging, so stellte sich heraus, dass sie ihn trotz ihrer ärgerlichen Miene und der kalten Schulter, die sie ihm zeigte, und des Telefons, das sie klingeln ließ, schon immer geliebt hatte.

In dieser düsteren Jahreszeit hungern wir nach solchen Erzählungen. Das sind Wintermärchen. Wir wollen uns eng um sie lagern, wie um ein kleines, aber fröhliches Feuer. Die Sonne geht um vier unter, die Temperatur sinkt schnell, der Wind heult, der Schnee rauscht herunter. Obwohl du dir fast die Finger abgefroren hast, die Tulpen sind gerade noch rechtzeitig gesetzt. In vier Monaten kommen sie heraus, daran glaubst du, und sie werden wie die Abbildung im Katalog aussehen. In der braunen Erde waren schon Hunderte von grünen Keimen. Du wusstest nicht, was sie waren – irgendeine Art von kleiner Zwiebel –, aber sie hatten die Absicht zu wachsen, trotz allem. Wie würdest du sie nennen, wenn sie in einer Geschichte vorkämen? Wären sie ein glückliches Ende oder ein glücklicher Anfang? Aber sie kommen in keiner Geschichte vor, und du auch nicht. Du hast sie dennoch wieder unter den Mulch und das tote Laub geschoben. Das war richtig, das musste man tun an diesem dunkelsten Tag des Jahres.

Anmerkungen

Einige dieser Texte wurden im englischen Original bereits in folgenden Zeitschriften oder Broschüren abgedruckt:

»Unser Kater kommt in den Himmel« in *Brick*; »Kriegsherren« und »Die Stimme« in *The Walrus*; »Übernehmen Sie«, »König Baumstamm im Exil«, »Salome war eine Tänzerin« und »Postkolonial« in *Daedalus*; »Lebensgeschichten« und »Ressourcen der Ikarianer« in *Short Story*; und »Chicken Little geht zu weit« und »Das Zelt« in *Harper's Magazine*.

Darüber hinaus erschienen »Flasche« und »Eine Halbgöttin zu sein ist nicht so leicht« sowie eine frühere Version von »Nachtigall« in einer Broschüre mit limitierter Auflage, die zur Unterstützung der *Harbourfront Reading Series* veröffentlicht wurde; diese drei und »Übernehmen Sie«, »König Baumstamm im Exil«, »Thylazin-Ragout«, »Postkolonial«, »Schneller« und »Flasche II« erschienen in einer Broschüre mit limitierter Auflage, die zur Unterstützung der Hilfsorganisationen nach der Tsunami-Katastrophe im Indischen Ozean veröffentlicht wurde.

»Flasche« ist in einem deutschen Literaturkalender, *Das Geschenk*, erschienen, und »Chicken Little geht zu weit« wurde in einer mit Holographien illustrierten einzigen Ausgabe zur Unterstützung des World Wildlife Fund versteigert.